BIBLIOGRAPHIE

DES

OUVRAGES ARABES

OU

RELATIFS AUX ARABES

PUBLIÉS

DANS L'EUROPE CHRÉTIENNE DE 1810 À 1885

PAR

Victor CHAUVIN,

PROFESSEUR À L'UNIVERSITÉ DE LIÉGE.

Ouvrage couronné par l'Académie des Inscriptions et Belles Lettres
(Prix Delalande-Guérineau et Prix Saintour)
et subventionné par la Deutsche morgenländische Gesellschaft.

X

Le Coran et la Tradition.

PRIX : 4 fr. 50

LIÉGE
Imp. H. VAILLANT-CARMANNE
(Société anonyme)
8, RUE SAINT-ADALBERT, 8.

LEIPZIG
en commission chez
O. HARRASSOWITZ
QUERSTRASSE, 14.

1907

BIBLIOGRAPHIE

DES

OUVRAGES ARABES OU RELATIFS AUX ARABES

PUBLIÉS

54

DANS L'EUROPE CHRÉTIENNE DE 1810 A 1885.

BIBLIOGRAPHIE

DES

OUVRAGES ARABES

OU

RELATIFS AUX ARABES

PUBLIÉS

DANS L'EUROPE CHRÉTIENNE DE 1810 À 1885

PAR

Victor CHAUVIN,

PROFESSEUR À L'UNIVERSITÉ DE LIÉGE.

Ouvrage couronné par l'Académie des Inscriptions et Belles Lettres
(Prix Delalande-Guerineau et Prix Saintour)
et subventionné par la Deutsche morgenländische Gesellschaft.

X

Le Coran et la Tradition.

PRIX : 4 fr. 50

LIÉGE
Imp. H. VAILLANT-CARMANNE
(Société anonyme)
8, RUE SAINT-ADALBERT, 8.

LEIPZIG
en commission chez
O. HARRASSOWITZ
QUERSTRASSE, 14.

1907

LE CORAN. [1]

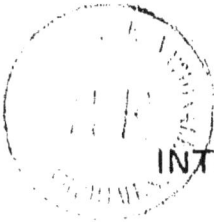

INTRODUCTION

'**1**.— ALMKVIST, H. Koranen. Muhammedanernas Bibel. Stockholm, Bonnier, 1868. In-8, 49, 0.15 kr.

2.— John Mühleisen ARNOLD. Der Islam... Gütersloh, 1878.

Kap. III. Geschichte und Dogmen des Koran, 57-85.

Der Name El Koran. Ausgabe des arabischen. Versionen des Koran. Widerrufene Stellen. Die ursprüngliche Sammlung. Wirres Durcheinander. Wirkliche Ordnung der Suren. Theologie des Koran. Die Einheit Gottes. Attribute der Heiligkeit, Allmacht, Barmherzigkeit, Gerechtigkeit. Anthropologie des Koran: Erschaffung des Menschen: Unsterblichkeit der Seele: Sündenfall. Lehre von den Engeln. Teufel und Genien. Auferstehung und Gericht. Gebet und Fasten. Almosen und Pilgerfahrten. Opfer und Beschneidung.

[1] Bibliographies antérieures :

SCHNURRER. Bibliotheca arabica. Voir Bibliographie arabe, **1**, LVII-LXIII.

ZENKER. Bibliotheca orientalis. **1**, 157-174 et 225: **2**, 85-88.

EBERT. Allgemeines bibliographisches Lexikon, 1821, **1**, 945-947.

BRUNET, Manuel du Libraire, 5ᵉ édition, 1862, **3**, 1306-1310.

GRÄSSE, Trésor. **4**, 41-44.

PETERMANN, Brevis linguae arabicae gram, 1872, 2ᵉ ed., 129-131.

SOCIN, Arab. Grammatik, 1885, 2ᵉ p., 34-37.

*3.— BALDUS, Alois. Der Koran. Seine Entsteh., Abfassung u. religionsgeschichtl. Bedeutung f. d. Islam. Hamm, Breer u. Thiemann 1904. 31. 50 pf. (Frankf. zeitgem. Brochuren.)

4. — J. BARTHÉLEMY SAINT-HILAIRE. Mahomet et le Coran. Paris. 1865. In-12.

Chap. V. Le Coran. 179-206.

Désordre dans la composition du Coran; efforts vainement tentés pour classifier régulièrement les cent quatorze sourates ; travaux récents de MM. G. Weil, W. Muir et Nöldeke ; deux grandes divisions : sourates de la Mecque, sourates de Médine; difficultés que présentent ces divisions, toutes larges qu'elles sont ; style du Coran. — Doctrines principales du Coran : l'unité de Dieu, créateur, tout-puissant et miséricordieux ; la vie future ; paradis de Mahomet ; respect du Coran pour les prophètes antérieurs, Moïse et David ; sentiments de Mahomet à l'égard de Jésus-Christ, sa vénération extraordinaire ; tolérance du Coran ; insuffisance du Coran considéré comme code de légis-

Voir aussi :

* Catalogue de la Bibliothèque Khédiviale du Caire, 1, première édition (1301), 2-32 ; seconde édition (1310), 2-96.

Catalogue of Arabic Books in the British Museum by A. G. ELLIS, 1, 899-928.

Katalog der Bibliothek der deutschen morgenländischen Gesellschaft... Zweite Auflage bearbeitet von R. PISCHEL, A. FISCHER, G. JACOB. Leipzig... 1900. 1, 102-105 et 721-722.

* E. LAMBRECHT, Catalogue de la Bibliothèque de l'École des Langues orientales vivantes. Paris. 1897, 1, 341-357.

Katalog der Kaiserlichen Universitäts-und Landesbibliothek zu Strassburg. Arabische Literatur. 1877. 15-19 et 111.

Bibliotheca Schultensiana, sive catalogus librorum quos collegit vir clarissimus Johannes Jacobus Schultens... Lugd. Bat. apud Henricum Mostert (1780), 102, 130-152 et 205.

Catal. librorum ac manuscriptorum bibliothecæ Schultensianae qua, dum in vivis erat, usus est Joh. Henr. van der Palm... Lugd. Bat. (1841), 51-55.

Bibliothèque de M. le baron Silvestre de Sacy... Paris, 1842, 1, 317-327.

Catalogue de la Bibliothèque orientale de feu M. Jules Thonnelier... Paris,

lation ; quelques unes de ses réformes les plus bienfaisantes ; il adoucit les mœurs, et il relève la condition des femmes ; le Coran n'est pas fataliste ; absence de toute métaphysique dans le Coran.

·5. — BISCHOFF, Erich. Der Koran. Leipz. Grieben, 1904. X u. 125 p. (ill.) (Morg. Bücherei, **4.**)

C. R. Schwally. Lit. Ctbl., 1905, 1277. *Becker, Deut. Litz. 1905, 1748-1749. *Orelli, Th. Litbl.. **26.** 560-561.

6. — BROCKELMANN. Geschichte der Arabischen Litteratur. **1.** 32-36, 188, 400 ; **2.** 108, 164, 180, 200, 221, 228, 248, 264, 325, 375, 300, 406, 412, 417, 438 et 460.

Dans Gesch. der arab. Litteratur. Leipzig, Amelang, 1901, 30-50, 123 et 173.

·7. — CLERMONT-GANNEAU. La Palestine inconnue. Paris, Leroux, 1876, 20 et suiv.

·8.— Syrian Stone-Lore ; or, the Monumental History of Palestine. By Claude R. CONDER, R. E. London. Bentley, 1886.

« A fair popular account of the sources of the Koran, and of the beliefs of the Arabic peoples before the time of Mahomet. » (Academy. **30,** 404-405.)

9. — Salle Gerson. Cours de M. Hartwig DERENBOURG. Leçon d'ouverture. — Sur la composition du Coran.

Dans Rev. des cours littéraires, **6** (1868-1869), 312-318.

Leroux, 1880, 77-81. (Thonnelier a essayé de reconstituer les bibliothèques de Klaproth et de Sacy.)
Catalogue d'Alfred von Kremer (Harrassowitz, nᵒ 252), 97-99.
Catalogue de Ludwig Krehl (Harrassowitz, nᵒ 204). 47-50.
Catalogue Maisonneuve 1876, 286-288 ; 1891, 287-289 ; Catalogue d'ouvrages sur les Langues et Littératures arabes, turques, persanes, 1901, 8-9.
Bibliotheca asiatica teilweise aus der Bibliothek des Orientalisten Professor Dᵉ Alois Sprenger II... Lagercatalog 546 Joseph Baer... Frankfurt a. M. (1907). 85-88.

10. — R. DOZY. Essai sur l'histoire de l'islamisme. Leyde. 1879.

IV. Le Koran, la tradition et les légendes. 110-132.
Composition du Koran. — La première collection. — La deuxième.
L'ordre suivi est arbitraire. Valeur esthétique du Koran. — La tradition. —
Son authenticité : critérium des auteurs de la compilation. — Les miracles. — La
purification du cœur. — L'ascension.

*11. — DVORÁK, R. Korán.

Ottův Slovník Naučný. **14.** 800-802

12. — J. FORGET. Le Coran.

Dans La Controverse et le Contemporain, 1886, **6.** 506-600 et **7.**
77-99.

13. — Was hat Mohammed aus dem Judenthume aufgenommen?
Eine von der Königl. Preussischen Rheinuniversität gekrönte Preis-
schrift. Von Abraham GEIGER, Herzogl. nassauischem Rabbiner zu
Wiesbaden. Bonn, 1833. Gedruckt auf Kosten des Verfassers bei
F. Baaden. In-8. (II), VI et 215.

Collaboration de FREITAG, S. FRENSDORF et J. DERENBOURG.
Vorrede I-V. Inhaltsanzeige, VI. Einleitung, I. Erste Abtheilung. Wollte,
konnte und wie konnte, durfte und wie durfte Mohammed aus dem Judenthume aufnehmen : 4. Erster Abschnitt. Wollte Mohammed aus dem Judenthume aufnehmen : 5. Zweiter Abschnitt. Konnte und wie konnte Mohammed
aus dem Judenthume aufnehmen : 23. Dritter Abschnitt. Durfte und wie durfte
Mohammed aus dem Judenthume aufnehmen : 29. Zweite Abtheilung. Hat und
was hat Mohammed aus dem Judenthume aufgenommen : 37. Erster Abschnitt.
Hat Mohammed aus dem Judenthume aufgenommen : 37. Zweiter Abschnitt.
Was hat Mohammed aus dem Judenthume aufgenommen : 41. Erstes Kap.
Dem Judenthume angehörige und in den Koran übergegangene Gedanken.
43. Erstes Stück. Aus dem Judenthume aufgenommene Begriffe. 44. Zweites
Stück. Aus dem Judenthume aufgenommene Ansichten. 62. A. Glaubensan-
sichten. 63. B. Sittliche und gesetzliche Bestimmungen. 85. C. Lebensan-
sichten. 91. Zweites Kap. Aus dem Judenthume aufgenommene Geschichten.
95. Erstes Stück. Erzväter. A. Bis Noah. 98. B. Noah bis Abraham. 106. C.

Abraham bis Moses. 121. Zweites Stück. Moses und sein Zeitalter. 152. Drittes Stück. Die drei das ganze Israel beherrschenden Könige. 181. Viertes Stück. Fromme nach Salomo. 190. Anhang. Bestreitung des Judenthums im Korane. 197. Nachträge. 203. Register. A. Der im Werke erklärten hebr. und arab. Wörter nach der Folge der hebräischen Buchstaben. 205. B. Der angeführten Stellen aus dem Korane und der Sunna. 206. C. der angeführten arabischen Schriftsteller. 213. Druckfehlerverzeichniss. 214-215.

C. R. Judicia de certamine litterario anni MDCCCXXII (Bonn). 21-22. — de Sacy, Journ. d. savants, 1835, 162-174. — H. E(wald), Gött. gel. Anz., 1834. 438-440. — "Fleischer. Ueber das arabische in Dr Geigers Preisschrift. Litbl. d. Orients, 1841, nos 5. 6, 8, 10, 12 et à part. — v. Hammer, Wiener Jahrbb.. **68**. 10-15 et **110**. 85-103. — Steinschneider, Ersch u. Gruber, Jüdische Lit., 374, note 42; 375, notes 46 et 47; 431, note 18 et Zeit. d. deut. morg. Ges.. **6**, 538-540. — Nöldeke, G. d. Qoräns (no 43), 5 et 77; Encyclopaedia brit., **16**. 606. — Le chapitre IV d'Arnold (no 2), 86-108 (Was Muhammed von dem Judenthum aufgenommen hat.) — Cfr. Jost, Geschichte der Israeliten, **5** (1825), 291 et suiv. et Graetz, Geschichte der Juden, **5** (1871), 95 et suiv. (Mohammed und die Juden.)

*14.— A. GEIGER. Was hat Mohammed aus dem Judenthume aufgenommen? Preisschrift. 2. rev. Auflage. Leipzig. M.W. Kaufmann. 1902. Grand in-8. VIII et 213. 4 m.

Fascimileneudruck.
C. R. — L. H. Zeit. f. heb. Bibl., **7**. 10 — Grimme, Or. Litz., **7**, 226-227.

*15.— A. GEIGER. Judaism and Islam. A prize essay. Madras 1898.

*16.— GLAGOLEV, S. Koran.
Dans Bogoslovskij Věstnik, 1904. **1**. 248-280.

*17. — DE GOEJE, M. Quotations from the Bible in the Qorän and the tradition.
Dans Semitic Studies in memory of Alexander Kohut, 179-185 (1897).

18. — Mohammed von Hubert GRIMME. München i. W. 1892 et 1895. Druck und Verlag der Aschendorffschen Buchhandlung.

Le second volume donne : Einleitung in den Koran. Entstehungsgeschichte des Korans. 1. Form und chronologische Reihenfolge der Koransuren. 18... Die Prophetengeschichten des Korans. 79... Exkurs. Die Benutzung des 11. Briefes Petri in spätmekkanischen Suren. 170.

*19.— GRIMME, H. The origin of the Qoran. Transl. by G. K. Nariman.

Dans Ind. Antiquary, **32**, 127-136 et 255-262.

*20.— GROENEWOUD. De Corano. Traj. ad Rhenum. Bosch. 1843. In-8.

21.— S. GUYARD. Coran.

Dans Encyclopédie des sciences religieuses, III, 417-422.

*22.— Hartwig HIRSCHFELD. Jüdische Elemente im Korán. Ein Beitrag zur Koránforschung. Berlin. 1878 (Leipzig, Hinrichs'sche Buchhand.) Gr. in-8, 71. 2 m.

C. R. A. Br. Lit. Ctbl. 1879, 402-403.

*23— New researches into the Composition and Exegesis of the Qoran, by H. HIRSCHFELD.

Dans Indian Antiquary, **29**, 146-163 ; 173-188 ; 201-213 et 300-320 ; **30**, 41-53 ; 121-131 ; 165-183 ; 223 238 ; 321-320 ; 382-386 ; 457-467 ; 510-528.

Aussi à part. London. 1902. In-4. 155. 5 m. (Asiatic monographs, vol. **3.**)

C. R. Deut. Litz., 1903, 592. Gaster, J. Roy. as. Soc., 1903, 227-229.

*24.— H. HIRSCHFELD. The Koran.
Dans Jew. Chron. 13 déc. 1880.

*25.— HORSWELL, Charles. The external form of the Quran.
Dans Old. a. new Test. Student, **11**, 311-348.

26.— O. HOUDAS. Coran.

Dans Grande Encyclopédie, XII, 923-926.

27. — O. HOUDAS. L'islamisme. Paris 1904.

IV. Le Coran, 70-99.

28. — Cl. HUART. Une nouvelle source du Qorān.

Dans Journ. asiat., 1904, **2**, 125-167.

Cfr. A. des Ins. C. R., 1904, 240-242.

* **29.**— HUGHES, Thomas Patrick. The Muslim's Bible.

Dans Andover Rev., 1888, mai, 466-474.

* **30.**— JASPIS, Joh. Sigm. Koran und Bibel. Ein komparativer Versuch. Leip. G. Strübig. 1905. In-8. VIII et 103. 1 m. 20.

* **31.**— C. KATER. Klapper op Mahomed's Koran, naar de vertaling van L. J. A. Tollens bewerkt. Delft. Van Gijn. 1873. In-8. 1 fl. 50.

32. — LAND.

Voir nº 43.

33. — LAROUSSE. Grand dictionnaire universel du XIXᵉ siècle.

V (1869), 99-104. Coran.

1. Le Coran, sa composition, son authenticité, sa valeur esthétique. 99. 2. Origine et inspiration du Coran. 100. 3. La dogmatique du Coran. 101. 4. La morale du Coran. 103-104.

Le nouveau Larousse illustré ne contient plus qu'un petit article.

34. — Le Koran et la Bible hébraïque par Louis LEBLOIS (de Strasbourg) orné de 12 dessins et inscriptions dans le texte, 8 planches hors texte et 3 cartes. (Fleuron) Paris (Strasbourg, typ. Fischbach) Librairie Fischbacher (Société anonyme) 33, rue de Seine, 33 1887 Tous droits réservés. Gr. in-8. (4) et 464. (Tome VI de Les Bibles et les Initiateurs religieux de l'Humanité.)

Le Koran. 3. Les Etudes sur la religion de Mohammed. 7. La famille de Mohammed. Sa naissance et sa vocation. 9. De la vocation de Mohammed à la fuite. 10. Mohammed à Médine (622-632). 11. Les lettres de Mohammed de l'an 6 de l'hégire (23 avril 627 à 12 avril 628 de J. C.) Le Biçmillah. 16. Les calendriers arabe et musulman. 21. L'ère de l'hégire (*Tarih al hidirah*). 24. Terminologie arabe. 25. Le Koran sous sa forme actuelle et le Koran primitif. 28. Mohammed savait-il lire et écrire? 33. Mohammed et la Bible. 35. Les visions de Mohammed. Les deux catégories de soures. Comment les « révélations » furent transcrites. 37. Traditions musulmanes sur les fluctuations du texte sacré. Les additions. Les « révélations » abrogées. Les éliminations formelles. 40. Le Koran après la mort de Mohammed. L'édition (privée) dite d'Aboù Bakr ou d'Omar. 46. La rédaction officielle du Koran sous Othman. 49. Bonne foi d'Othman dans la rédaction officielle du Koran. 54. Extraits du Koran. 57. Les miracles de Mohammed, suivant le Koran et suivant la tradition musulmane. Le *Miràdj* (ascension.) 65. Chronologie de la Littérature du Koran. 71.

La Kaaba et le puits de Zemzem. 349. Les légendes bibliques du Koran. 357. Abraham. Aperçu général. 357. Prédication d'Abraham. 358. Comment Abraham arriva à la connaissance de Dieu. 359. Les rapports d'Abraham avec son père et son peuple. 360. Abraham et Nemrod. 362. La doctrine de la résurrection. 362. Autres légendes de la Genèse : Les anges, Lot, le sacrifice d'Isaac (Ismaël) 363. Abraham, le pèlerinage à La Mecque, et la Kaaba. 365. Les légendes de Marie et de Jésus. 370. Naissance de Marie. 370. Naissance de Jésus. 371. Nature de Jésus. 374. Jésus n'est point mort. 377-378.

C. R. F. Passy, Séances et travaux de l'Acad. des sc. mor. et pol., 1892, 544-546. — G. Baldensperger, Rev. d. l'hist. d. religions, **19**, 371-378.

35. — G. LE BON. La civilisation des Arabes. Paris. 1884.

94-109. Le Coran.

1. *Résumé du Coran.* — Comment a été composé le Coran. Sa rédaction définitive. Parenté du Coran avec les livres juifs et chrétiens. Son infériorité à l'égard des livres religieux de l'Inde. Extraits divers du Coran. Définition de Dieu. La création du monde. Chute des premiers hommes. L'Enfer et le Paradis. Tolérance extrême du Coran pour les juifs et les chrétiens. Prétendu fatalisme du Coran. 2. *Philosophie du Coran. Sa diffusion dans le monde.* Monothéisme absolu du Coran. De ce monothéisme absolu dérive la simplicité très grande de la religion de Mahomet. Sa simplicité et son absence de mystères la rendent accessible à toutes les intelligences. La clarté des doctrines du Coran, son esprit de charité et de justice ont beaucoup contribué à sa rapide diffusion

dans le monde. Importance de l'influence politique et civilisatrice du Coran. Il a survécu à la civilisation créée sous son influence. L'islamisme est encore une des religions les plus répandues à la surface du globe. Liens créés entre des peuples très divers par le Coran. Erreur des historiens sur les causes de la diffusion progressive du Coran dans le monde.

86. — LEITNER, G. W. An introduction to the study of the Korân. The name « Korân ».

Dans Asiat. qu. rev., n. s., **9**, 148-152. Cfr. *ibid.* 222 et 405-413.

87. — Il Korano Prolusione al corso annuale della lingua araba detta alla Regia Università di Torino 11 Novembre 1886 dal Prof. MORKOS. Torino stamperia dell' unione tipografico-editrice 33 — Via Carlo Alberto — 33 1886. Gr. in-8. 10.

38. — W. MUIR. The Life of Mahomet. London. 1861. In-8. 4 vol.

I.

Sources for the Biography of Mahomet. The Coran, and Tradition. Ancient story is either legendary. traditional or contemporary. The evidence of the early history of Islam belongs to all three classes. I. Sources specified. Subject of this chapter; value of those sources. The Coran. In what manner preserved in writing during Mahomet's lifetime. II. Committed also to memory by the early Moslems; but not in any fixed order of parts. V. The fragments from which the Coran was compiled, are exactly as Mahomet composed them. VII. Ability to write common among the early Moslems both of Mecca and Medina. VIII. Transcripts of portions of the Coran common among the early Moslems; but incomplete and fragmentary. IX. State of the Coran up to a year after Mahomet's death. The Coran collected, A. H. 11, by Zeid; whose text was authoritative during the Caliphates of Abu Bakr and Omar. XI. Recension during the Caliphate of Othmán, (some time after A. H. 33;) which remains unaltered to the present day. XIII. I. Was the text of Othmán a faithful repro-duction of the edition of Abu Bakr? XVI. Reasons to believe that it was so. XVII. II. Was the edition of Abu Bakr a faithful copy of the revelations of Mahomet? Reasons for believing that it was so. *First.* The sincerity and faith of Abu Bakr and the early Moslems, XIX. *Second*. The Coran, as delivered by Mahomet, was yet fresh in the memory of his followers, *Third*. It must have corresponded with the numerous transcripts in the hands of the Moslems, *Fourth*. There is internal evidence of the simplicity and faithfulness of the compilers, XXI. A recension of Abu Bakr's edition, why required, XXII. The Coran may not contain some passages once revealed, but subsequently cancelled or altered: nor some obsolete, suppressed, or ephemeral passages, XXIV. Conclusion. The Coran is an authentic record of Mahomet's revelations, XXVI. Importance of the Coran as furnishing contemporary evidence of Mahomet's own words and character, XXVII-XXVIII.

II

Supplement to chapter fourth. The Coran, during the period reviewed in this Chapter. Substance and composition of the Coran throw light on Mahomet's history. A change observable during this period. Gradual decline of life and spirit, 135. The Suras become longer. Theory of inspiration farther developed, 136. A heavenly *original* assigned to the Coran. Suras LXXX, and XCVII, 137. The « holy spirit » came to signify Gabriel. Visions of Gabriel, 138. Sura LXXXI. Growth of the doctrine of predestination. Teaching and precepts, 139. Renunciation of Idolatry. Sura CIX, 140. The Paradise of Mahomet. The Houries of Paradise, 141. Farther description of Paradise. Sura LV, 142. Passages regarding the Hûries revealed when Mahomet lived chastely with Khadija alone, 143. The Hell of the Coran. Sura LVI. Threats of temporal judgment. Suras LXXVII, LXXVIII and LXII, 144. Defiance of the Meccans. Sura LVII. Objections of opponents, and answers thereto, entered in the Coran. Resurrection derided. The Coran impugned, 145. Derision. Sura LXXXIII. Patience and stedfastness inculcated, 146. Jewish and Christian Scriptures not yet referred to. The language of Islam becomes fixed, 147.

Supplement to chapter fifth. The Coran, as Revealed during this Period. Connection with *Judaism*. Jewish Scriptures appealed to. Testimony and feelings of the Jews towards Mahomet, 183. Conjectures as to the «Witness.» The Jews supply Mahomet with materials for the Coran. Correspondence, and disagreement, with the Old Testament. Illustrations, 185. Time spent in study and composition, 188. Mahomet may have deceived himself into blending study and inspiration together. Imputations of his enemies. Christian Scriptures little mentioned as yet, 189.

301. The affair described in the Coran. 302. Proof of the earnestness of Mahomet. Embassy of the Bani Taghlib. 303. Christianity existed on sufferance. 304. Review. 305. Knowledge of Christianity, whence derived? Mahomet misinformed of the teaching of the Church regarding the Crucifixion of Jesus. Connection of his teaching with Gnosticism. 306. Denial of the Crucifixion — a compromise between Jews and Christians. 307. Apocryphal Gospels not accessible to Mahomet. Opinion of Gerock that his knowledge was derived from Christian tradition in Arabia, unsatisfactory. 308. Syrian tradition the likeliest source of Mahomet's knowledge: derived chiefly through a Jewish, partly through a Christian, channel. 309. Supported by other considerations. The Trinity of the Coran: and the Virgin Mary. 310. The Holy ghost unknown to Mahomet as a person in the Trinity. 311. Jewish and Christian prophecies and expectations. Promises of the Paraclete and of the Messiah perverted. 313. Mahomet the Prophet looked for by both Jews and Christians. The Meccans taunt him with being prompted by others. 314. Promptings of ignorant Jews transformed into the divine Coran. 315. Mahomet sincere in his belief. But his ignorance became culpable when voluntary. 316. (¹)

Chronological list of Suras. 318-320.

III.

Supplement. The Portions of the Coran revealed during the Five Years of Mahomet's Residence at Medina. Retrospect of the character of the portions of the Coran revealed at Medina. Mahomet, on his first arrival at Medina, endeavours to stir up the Jews to gratitude, and to persuade them to bear evidence in his favour. 289. On their refusal to acknowledge him, Mahomet changes the style of his address to rebuke and reproach. 290. The Jews are thus stirred up to hatred of Mahomet. 291. They are accused of encouraging idolatry at Mecca. 292. The removal of the Jews from the scene is followed by the discontinuance of Jewish legends and reference to the Jewish scriptures in the

(¹) Muir a traité le même sujet dans la Calcutta Review. Reproduit dans Selections from the Calcutta Review, 1883. (" The Relation of Christianity to Islam, and the Coran in its Last Meccan Stage.)

IV.

* 39. — William MUIR. Non christian religious systems. The Coran. Its composition and teaching; and the testimony it bears to the Holy Scriptures. London, Society for promoting christian knowledge. 1878. In-8.-230. 2 sh. 50.

C. R. G. Weil, Jena. Litz.. 1879, 38-39. — Academy, **15**, 235.

C'est le développement d'un livre paru dans l'Inde. (The testimony borne by the Coran to the Jewish and Christian Scriptures. Consiting of passages selected from the Koran (in arab.), with introduction, translation and commentary by W. M(uir) 2ᵉ édit. Allah-i d. 1860. In-8. IX et 127.

La première édition est d'Agra, 1850 (C. R. Gosche, Zeit. d. deut. morg. Ges., **17**, 167.) Traduction en hindoustani par Bâbû Sivaprasad, Lucknow, 1860, 242, Lithog. Traduction en ourdou, Lucknow, 1861, In-8, lith.

Nous croyons reconnaître une nouvelle édition du *Tistimon berne...* dans les deux livres suivants : The testimony borne by the Coran to the Jew and Christian Scriptures, Lond. 1889, In-8, 130 (en arabe) — et Beacon of truth, or testimony of the Coran to the truth of the Christian relig, translated from the Arabic by Sir William Muir, Lond, Tract Society, 1854, In-8.

ᐧ40. Nouvelle édition du n° 39 (1885 ?)

C. R. G. Masson, Polybiblion, **47**, 86-40.

41. A. MÜLLER, Koran.

Dans Ersch u. Gruber, II. Section, **39**, 41-50.

Cfr. n° 43.

42. — De origine et compositione Surarum Qoranicarum ipsiusque Qorani scripsit Theodorus NOELDEKE Lingensis. Commentatio in concertatione civium Academiæ Georgiæ Augustæ IV. Junii MDCCCLV ab amplissimo philosophorum ordine praemio regio orn ta. Gottingae, MDCCCLVI. Typis expressit officina academica Dieterichiana (Guil. Fr. Kaestner.) In-4. VI et 102.

Praefatio V. *Pars prior.* De origine qorâni. I. De Muhammedis prophetia et oraculis. A. De Muhammedis prophetia. 1. B. De Muhammedis oraculis. 4. II. De origine singularum partium qorâni. 26. A Sûrae mekkanae. 30. 1. Sûrae aetatis primae. 32. 2. Sûrae aetatis secundae. 45. 3. Sûrae aetatis tertiae. 53. B. Sûrae medinenses, 65. *Pars posterior.* De Qorâni collectione et compositione. 87. Addenda. 102.

C. R. Gosche, Zeit. d. deut. morg. Ges., **11**, 622. — Gersdorf Repert., 1856, **3**, 160-161. Lit. Ctbl., 1856, 575-576. Journ. asiat., 1856, **2**, 30.

43. — Geschichte des Qorâns von Theodor NOELDEKE. Eine von der Pariser Académie des Inscriptions gekrönte Preisschrift.[1] Göttingen, Verlag der Dieterichschen Buchhandlung. 1860. In-8. XXXII et 350.

Vorrede V. Inhalt. IX. Abkürzungen. XI. Litterarische Einleitung. XIII-XXVII.

Erster Theil. Ueber den Ursprung des Qorans.

1. Ueber Muhammed's Prophetie und Offenbarungen.

A. Muhammed als Prophet. Die Quellen seiner Lehre.

Was ist Prophetie? Muhammed war ein Prophet. Sein Charakter. Das Judenthum die Hauptquelle seiner Lehre, aber nicht die Bibel. Konnte er überhaupt lesen und schreiben? Auch sonst keine schriftlichen Quellen. Einfluss des Zaid b. 'Amr auf ihn. Einfluss des altarabischen Glaubens. Eigene Thätigkeit Muhammed's bei der Ausbildung des Islams. 1-15.

B. Ueber die Offenbarungen Muhammed's.

Verschiedene Arten derselben. Dahva. Länge der Offenbarungen. Namen derselben. Stil. Reim. Refrain. Wortspiele. Schriftliche Aufzeichnung der Qoränstücke. Zusätze und andere Veränderungen, die von Muhammed selbst ausgehen. Die sieben Ahruf. Aufhebung von Offenbarungen. Warum konnte kein Zeitgenosse Muhammed's Qoränstücke machen? 15-44.

2. Ueber den Ursprung der einzelnen Theile des Qoräns.

a.) Die mekkanischen Sûren.

Allgemeine Zeitbestimmung derselben. Ihr Inhalt und Charakter. Muir's Eintheilung dieser Sûren. 52-56.

---

[1] Amari et Sprenger ont été couronnés en même temps. (Acad. des Ins. et Belles-Lettres. Compte-rendu 1857, 136-140 et 1859, 114. — Correspondance littéraire. 3, 385.)

Sprenger a fondu son mémoire dans sa biographie de Mahomet. Pour Amari, voy. Rev. de l'Inst. publique, 20. 267 et Dugat, Histoire des orientalistes de l'Europe, 1, 22.

α. Die Süren der ersten Periode.

Allgemeines. Betrachtung von Sur. 96. 74. 111. 106. 108. 104. 107. 102.
105. 92. 90. 94. 93. 97. 86. 91. 80. 68. 87. 95. 103. 85. 73. 101. 99. 82. 81.
53. 84. 100. 79. 77. 78. 88. 89. 75. 83. 69. 51. 52. 56. 70. 55. 112. 109. 113.
114. 1. p. 59-89.

β. Die Süren der zweiten Periode.

Allgemeines. Betrachtung von Sur. 54. 37. 71. 76. 44. 50. 20. 26. 15. 19.
38. 36. 43. 72. 67. 23. 21. 25. 17. 27. 18. p. 89-106.

γ. Die Süren der dritten Periode.

Allgemeines. Betrachtung von Sur. 32. 41. 45. 16. 30. 11. 14. 12. 40. 28.
39. 29. 31. 42. 10. 34. 35. 7. 46. 6. 13. p. 107-121.

b.) Die medinischen Suren.

Zustände Almedina's unter Muhammed. Charakter dieser Süren. Betrachtung
von Sur. 2. 98. 64. 62. 8. 47. 3. 61. 57. 4. 65. 59. 33. 63. 24. 58. 22. 48. 66.
60. 110. 49. 9. 5. p. 121-174.

B. Offenbarungen, die im Qorän fehlen, aber anderweitig erhalten sind.

Text, Uebersetzung und Varianten. 174-188.
Zweiter Theil. Ueber die Sammlung des Qoräns.
Gefahr, dass der Qorän unterging. Erste Sammlung unter Abû Bekr.
Verfahren Zaïd's. Keine Fälschung dabei. Diese Redaktion hatte keine
allgemeine Auktorität. 189-204.
Zweite Sammlung unter 'Otmân. Wer besorgte diese? Verfahren dabei. Die
einzelnen Buchstaben vor den Süren (¹). Sî'itische Verläumdung und Lesarten.
'Sî'itische Sûra. Keine Fälschung von Seiten 'Otmân's. Seine Redaktion
überall recipirt. Redaktion Ubaï's. Die beiden Süren Ubaï's. Redaktion des Ibn
Mas'ûd und Anderer. 204-233.
Dritter Theil. Geschichte des 'Otmanischen Qoräntextes.
Einzelne ursprüngliche Exemplare 'Otmân's. Sie waren nachlässig ge-
chrieben. Liste der Varianten in ihnen. Darstellung ihrer Orthographie.
234-261.

(¹) Voir Encyclop. brit., XVI. 594. Ch. Tegner, n° 197. 1911.

Uebersicht der politischen Geschichte dieser Zeit. Verhältniss der Machthaber zum Qorân. 261-265.

Geschichte der Lesarten. Ueberbleibsel vor-'Otmânischer Lesarten. Liste derer, von welchen solche ausgehen. Charakter dieser Lesarten. Handschriften 'Uqba's und Anderer. Verwerfung der Sur. 12 durch die Hawârij. 265-270.

Ursprung der Varianten im 'Otmânischen Text. Schulen der Qorânleser. Die Zehn. Werke über diese Wissenschaft. Die Sieben mit ihren Schülern. Verschiedene Abtheilung der Verse. 270-300.

Geschichte der Schrift. Kûfische Qorâne. Schwierigkeit sie chronologisch zu bestimmen. Gestalt der Buchstaben. Entstehung und Gebrauch der diakritischen und Vokalpunkte, sowie anderer orthographischer Zeichen. Hinzugesetzte Buchstaben. Abtheilung der Sûren. Ueber-und Unterschriften. Bezeichnung der Versabtheilung u. s. w. Resultate der Untersuchung kûfischer Qorâne. 300-325.

Lesarten, die sich in diesen Handschriften finden. Variantenbezeichnung. System der Versabtheilung. 325-329.

Qorâne mit halbkuf. Schriftarten. Schreibweise derselben. 329-336.

Geschichte der Lesarten vom 5 ten bis 9 ten Jahrh. Addâni u. Assatibi. Vollständiger Sieg der Sieben, bes. des Hafs u. Wars. Schreibweise d. Qor. des Magrib u. Masriq. Paulsalzeichen. 336-357.

Keine weitere Entwickelung mehr seit dem 6 ten Jahrhundert. Untergang der feinen Aussprache. 357-358.

Verbesserungen und Zusätze. 359.

C. R. H. E(wald), Gött. gel. Anz., 1860, 1441-1457. — Heidel. Jahrbb., 1862, 1-16. — Journ. asiat., 1861, **2**, 25-29. — De Koran en de wording van den Islam. D' J. P. N. Land. Dans Gids, 1861, **1**, 616-662. — Snouck, Het mekkaansche Feest, 33, 34, 40, 49 et 63. — Edinb. Rev., **154**, 365. — Kremer. Herrsch. Ideen, 229. (Lit. Ctbl. 1868, 1236.)

Il va de soi que tous les travaux postérieurs sur le Coran ont largement utilisé Nöldeke : p. ex. les nᵒˢ 4, 41, 48, 49, etc. (¹)

44. — Th. N(ÖLDEKE). The Koran.

Dans Encyclopaedia britannica, 9ᵉ édit., 1883, **16**, 597-606.

_____

(¹) On prépare une nouvelle édition du livre.

*45.— Orientalische Skizzen. Von Theodor NÖLDEKE. Berlin 1892.

73-92. Der Koran.

*46.— OSTROUMOV, N. Istorija teksta korana.

Dans Turkestanskija Vedomosti, 1900, n°° 46, 47, 49, 51, 53, 55, 60, 62, 66, 70.

*47.— PANNIER, E. Le Coran. Paris 1808. In-8, 70.

Extrait de la Revue de Lille de 1807.

48.— POOLE, Stanley Lane. The Koran.

Dans Edinburgh Review, **154** (1881), 356-307.

49.— Le Koran sa poésie et ses lois par Stanley Lane-POOLE Lauréat de l'Institut Continuateur du *Arabic Lexicon* de E. W. Lane. Paris (Le Puy, imp. Marchessou fils) Ernest Leroux, éditeur libraire de la Société asiatique, de l'Ecole des langues orientales vivantes, etc. 28, rue Bonaparte, 28. 1882. In-16, VI et 112. 2 f. 50. (Bibliothèque orient. elzév., n° XXXIV.)

Le contenu du Korân, 1. Son auteur, 17. La période de la poésie, 31. La période de la rhétorique, 51. La période de l'argumentation, 65. La période des harangues, 73. Les lois du Korân, 85. Résumé et conclusion, 101.

Ce livre est tiré du numéro précédent ainsi que du Speeches and tabletalk de Poole. — Collaboration de TERRIEN DE LA COUPERIE.

C. R. Darmesteter, Journ. asiat. 1883, **2**, 75.

*50.— POOLE, Stanley Lane. Studies in a Mosque. 1883.

Content un chapitre intitulé The Kuran.

*51.— RANKIN, Dan. Rhyme and rhythm in the Koran.

Dans Open Court, **14**, 355-357. Cfr. n° 64.

Traduction des sourates, 1 et 110 à 114.

52. — RINK. Was steht von der Kritik für den Koran zu erwarten? Dans Fundgruben, **1.** 129-141 et à part, fol.

C. R. de Sacy, Mag. encyclop., 1811, **1.** 210.

' 53. Etudes historiques sur le Coran par ROUSSEL-LAFON-TAINE.

Dans Rev. du Nord de la France, Lille, 1856, 9 pages in-8.

' 54. El Alcoran, por D. Eduardo SAAVEDRA.

Dans Conferencias de la Institucion libre de ensenanza.

' 55. — ST. CLAIR-TISDALL, W. The original sources of the Qur'an. London. Soc. f. promoting Christ. Knowledge, 1905. In-8, 288. 8 sh.

C. R. As. qu. rev., **20.** 422-423.

' 56. — SELL. E. The historical development of the Quran. Ma., publ. by the author. 1898. In-8, 154. 2 roup.

C. R. Bods, Crit. Rev., 1899, 174-175.

57'. — SELL, E. Historical development of the Quran. (Non christ. rel. Systems.) London. Soc. f. promoting christ. knowledge. 1905. 256. 2 s. 6d.

C. R. As. qu. rev., janv. 1906.

' 58. — SHEPARDSON, D. The biblical element in the Quran.

Dans Old, a. new Test. Student, **10.** 207-212.

' 59. — SIMMONS, L. M. Sleep and death (The Midrash and the Quran.)

Dans Jew. qu. rev., **3.** 366.

' 60. — A. SPRENGER. Mohammed und der Koran. Psycholog. Studie. Hamburg. 1889. In-8, 74. (Virchow Vorträge) 1.20.

C. R. Wellhausen, Hist. Zeit., **30.** 306-307.
Ch. p. 15.

61. — Der Koran. Vortrag von Prof. R. STECK. Benno Schwabe. Schweighauserische Verlagsbuchhandlung. Basel 1887. In-8. 29. (Oeffentliche Vorträge gehalten in der Schweiz, IX, n° 5.) 0.50.

* 62. — SYCZ, S. Ursprung und Wiedergabe der biblischen Eigennamen im Koran. (Diss. Bern.) Frankfurt a. M. J. Kauffmann. 1903. 64. 2 m.

C. R. N. Rhodokanakis, Wiener Zeit. f. d. K. d. Morg., **17**, 281-285. *Grimme, Or. Litz., **7**, 226-228. — * König. Theol. Litbl., **24**, 272-273. *E. Nestle, Theol. Litz., 1904, 253. — * Becker, Deut. Litz., 1905, 1069-1970.

63. — Volkssprache und Schriftsprache im alten Arabien Von Karl VOLLERS. Strassburg (Göttingen, Druck der Dieterich'schen Univ.-Buchdruckerei — W. Fr. Kaestner) Verlag von Karl J. Trübner. 1906. In-8 (II), VIII et 227.

La thèse de l'auteur est la suivante : « Der Qorän wurde nach der Poesie überarbeitet ».

Sur l'accueil fait à ses idées par les savants musulmans au Congrès d'Alger, voir p. 2-4 (Revue africaine, 1905, 319 et suiv.; Kugener, Revue de l'Univ. de Bruxelles, 1905, 101).

* 64. — WARREN, Will. F. Rhyme and rhythm in the Koran. Dans Open Court, **13**, 641-643. Cfr. n° 51.

* 65. — G. WEIL. Historisch-Kritische Einleitung in den Koran. Bielefeld. 1844. In-12. XXI et 121.

C. R. Journ. asiat., 1845, **2**, 24-25. — Gosche, Zeit. d. deut. morg. Ges., **11**, 622. — Weil, Heidelb. Jahrbb., 1844, 906-907. — Fallmerayer, Münchener gel. Anzeigen. **20**, 906-918 et 921-925. — Nöldeke, n° 43, 58 et *passim.* — Ch. n° 4.

Lion a ajouté à sa traduction de la biographie de Mahomet par Weil (Mohammed de. Propheet. Amsterdam 1846,) un chapitre tiré de notre numéro : **2**, 61-130 et 200-258, notes. Mohammeds uiteriijk voorkomen en zijn bijzonder leven. Verzameling van den Koran. Indeeling en orde. Kritische aanmerkingen over den tijd, waarin de verschillende gedeelten verschenen zijn. Herroepen en terug genomen gedeelten. Verschillende schrijfwijzen van den Koran.

• 66. — G. WEIL, Historich-Kritische Einleitung in den Koran. 2ᵉ verbesserte Auflage. Bielefeld, Velhagen und Klasing. 1878. Gr. in-16. VIII et 135. 1 m. 50.

• 67. — WEIL, G. An introduction to the Quran; transl. from the german by F. K. SANDERS and H. W. DUNNING.

Dans Bibl. World, **5**, 181-191; 343-350; **6**, 26-38 et 105-114.

• 68. — WEIR, T. H. The Koran and the « Books of Moses. »

Dans Expository. **9**, 349-358.

• 69. — كتاب طبقات الحفاظ. Liber classium virorum, qui Korani et traditionum cognitione excelluerunt, auctore Abu Abdalla DAHABIO (¹). In epitomen coegit et continuavit anonymus. E codice ms. Bibliothecæ Duc. Gothan, lapide exscribendum curavit Henricus Ferdinandus WÜSTENFELD phil. doct. etc. Ex officina lithographica Ed. Ritmüller. Venditur apud Vandenhoeck et Ruprecht. 1833-1834. In-4. 3 fascicules, 95, 116 et 124.

C. R. F. W(üstenfeld), Gött. gel. Anz., 1833, 1425-1430 et 1834, 1121-1125. — Kosegarten, Hall. Alg. Litz., 1837, **3**, 229-231. — v. Hammer, Wiener Jahrbb., **76**, 125. — Meursinge, nᵒˢ 70, 50 et 68-69.

70. — Specimen e litteris orientalibus, exhibens SOJUTII librum de interpretibus Korani, ex ms. Codice Bibliothecæ Leidensis editum et annotatione illustratum, quod.... ad publicam disceptationem proponit Albertus MEURSINGE, Drentanus, S. Min. Cand., Adjutor Interpretis Legati Warneriani. Lugduni Batavorum, apud S. et J.

(¹) Avant le deuxième fascicule, la biographie de l'auteur par Ibn Souhbah (H. Hal., **4**, 143.) Voir aussi Wüstenfeld, Die Geschichtschreiber der Araber, 410. — Pons Boignes, Ensayo bio-bibliografico, 416.

Le 3ᵉ fascicule contient un index des noms propres.

Luchtmans, Academiæ Typographos 1839. In-4. (VI), 188, (4) et t. arab. 43, 4 ff. 80.

Dédicace en arabe à Weijers. V-VI. Prolegomena. 1. De Sojoutio, editi libelli auctore (Autobiographie, texte et traduction, 3-20 et biog. par Sahawi, 20-46). 2. De Sojoutii opusculo, quod edimus, et de Codice ex quo editionem paravimus, 46. De norma, quam in edendo et illustrando hoc opusculo secuti sumus, 48. Annotatio ad editum Sojoutii librum (Beaucoup de ces notes sont dues à WEIJERS.), 50. Index des noms propres, 155-188. Errores operarum (1). Theses (2)-(4). — Texte arabe.

C. R. M. G. de S(lane). Journ. asiat., 1839, **2**, 515-520. — F.W(üstenfeld), Gött. gel. Anz., 1840, 1051-1055. — v. Hammer, Wiener Jahrbb., **100**, 77-79. (¹)

(¹) La célèbre introduction aux sciences coraniques de Soyoûti n'a pas encore été publiée en Europe. Elle a paru à Calcutta, de 1852 à 1857 (1856) in-8, 059 et au Caire : en 1279, fol., deux parties, 248, 246, 2 et 12 p. et en 1306, in-8, 209 et 214. (Voir Nöldeke, n° 43, XXXI-XXXII.)

———————

Pour l'introduction, il faut voir encore beaucoup d'articl   e revues, qu'il nous est difficile de classer.
" Views and objects of Mahomet in the Composition of the Koran.
Dans Foreign quart. Rev., n° 47 (183 .)
H. S. Du Coran, par rapport aux circonstances qui ont fait naître ses diverses parties. (Traduit de l'allemand.)
Dans Revue orientale de Carmoly, **1**. (1841). 337-344. (Inachevé.)
  " El Koran por " "
Dans Almanaque político y literario. 1890. In-4.
  " The Koran
Dans Notes and Queries, 17 avril 1869.
  " The Koran.
Dans Fraser's mag., july 1876.
Wetzstein, Zeit. d. deut. morg. Ges., **6**, 22.

———————

Il faudra voir aussi les chapi... es consacrés au Coran dans les nombreux ouvrages sur Mahomet et l'islamisme, dont les volumes suivants contiendront l'énumération.

Inutile de dire combien les musulmans vénèrent le Coran (cfr. n° 60) : ils ne doivent pas le toucher en état d'impureté (voir les traités de droit ; p. ex. Van den Berg, Minhâdj At-tâlibin, **1**, 17 ; Cfr. Pertsch, Cat. Gotha, **1**, 402 ; Aumer, 8 et Tegner, n° 107, 6), et les femmes ne peuvent pas le lire. (Casiri, t. sc., **1**, 528, § 1.) Leur respect va jusqu'à la superstition, soit qu'ils emploient le Coran comme amulette, surtout sous forme de manuscrit en miniature (Müller, n° 41, 49), soit qu'ils le consultent comme on consultait la Bible ou Virgile, soit qu'ils s'en servent pour leurs pratiques médicales. (Voir aux Superstitions.) Toutefois, ils le citent parfois assez librement. (Hist. litt. de la France, **31**, 300.)

Nombreux sont ceux qui apprennent le Coran par cœur. (Reinaud, Monuments... de Blacas, **2**, 212-210 ; chez nous, ceux qui ont appris la Bible par cœur sont plus rares ; voir Liron, Singularités hist. et litt., **3**, 150-194.) A Fez, par exemple, on n'admet les élèves aux études supérieures que s'ils le savent d'un bout à l'autre. (Delphin, Fas, son université, 52.) On célèbre des fêtes en l'honneur des tâlebs qui ont terminé le Coran. (" Archives marocaines, **8**, 60 ; Marçais, Dialecte de Tlemcen, 242-243.)

Il est méritoire de copier le Coran et on doit le faire avec beaucoup de soin. (Gott. gel. Anz., 1753, 871.) Celui qui en achète un manuscrit participe au mérite du copiste. (Weil, Zentralbl. f. Bibliothesw., **24**, 53.)

Comme le dit Müller (n° 41, 49) on trouve déplacé en Orient d'imprimer le Coran (cfr. Weil, 53 et Zibl., **24**, 256-257) ou de le traduire en une langue étrangère. (Memoria negriana, 25.) Sous ce double rapport, les Chi'ites sont moins scrupuleux que les Sounnites, car ils admettent des versions interlinéaires et acceptent les corans lithographiés dont il paraît, chaque année, de nombreuses éditions en Perse et surtout dans l'Inde (J. d. Sav., 1834, 439.) Les Turcs ne refusent pas non plus les corans lithographiés et se sont récemment résignés à accepter des corans imprimés. (Journ. asiat., 1877, **1**, 133.) Quant aux musulmans russes, il y a longtemps qu'ils se sont habitués aux éditions imprimées. (Mélanges asiatiques, **6**, 598. — Encre. Congrès d'Alger, **1**, 15.) Malgré ces répugnances, nous savons qu'une grande partie de l'édition imprimée de Flügel (n° 71) avait été vendue en Orient. (Journ. asiat., 1840, **2**, 117.)

Mais de nos jours encore, pour les usages liturgiques, on ne peut employer que des manuscrits ; ils sont généralement superbes. (Schwab, Les incunables orientaux, 5.)

Les Chrétiens ont eu longtemps des préjugés à l'égard du Coran. Quand

Bibliander voulut en éditer la traduction à Bâle, il rencontra d'abord une vive résistance. (Voir Kirchhofers Leben Myconii, 351 et suiv.).

Beaucoup plus tard encore on croyait que Dieu frappait de mort quiconque voudrait éditer le texte du Coran. C'est ce que prouve un curieux passage des *Monatliche Unterredungen* de Tentzel, 1692. 917 et suiv. Nous avons déja reproduit ce passage dans notre biographie de Clénard (en collaboration avec M. A. Roersch), 143-145 et nous croyons devoir le donner encore ici.

« Herr Professor Dantz war beschäftiget, seine Ebraïsche Grammatic mit schönen Annotationibus herauszugeben. Ich fragte ihn wegen seines Alcorans, da er versicherte, dass, so bald die Ebraïsche Grammatica fertig, der Buchführer, dem er ihn verhandelt, daran anfangen würde (Schnurrer, Bib. ar., 410 et 414.) Die beyden vortrefflichen und in LL.OO erfahrensten Männer, Jobus Ludolfus und Andreas Mullerus, werden ihre Annotationes dazu contribuiren: und hat jener allbereit das vor etlichen Jahren gedruckte Specimen nicht nur allenthalben in Europa, sondern auch gar in Orient herum geschicket. So viel ich mercke (waren des Leonardo Worte) ist eine gemeine Persuasion unter denen Leuten, als ob es Gott nicht haben wolte, dass der Alcoran arabisch in Druck käme, desswegen stürben die Leute, so ihn herauszugeben vornehmen, alle vor der Zeit hinweg. Sie beweisen es daher, weil Erpenius (Schnurrer, 404-405), de Dieu, Golius, Zechendorfius (405-409), Ravius (405-408), und andere, in solchem Vorhaben gestorben. Allein man kan diese vergebliche Einbildung mit vielen Argumenten widerlegen. Denn ich gebe einem jeden zu bedencken, welches wol nachtheiliger sey, den Alcoran in denen Muttersprachen der Christlichen Völcker, oder nur in der Arabischen, die unter Tausenden kaum einer verstehet publiq zu machen? Ist es nicht wahr dass jenes am nachtheiligsten sey, weil dadurch die Irrthümer des Alcorans auch dem gemeinen Volck bekant werden, welches nicht allezeit capabel ist, denenselben kräftig zu widerstehen. Nun hat aber Gott zugelassen dass der Alcoran in Lateinischer (P. de Cluny, Schnurrer 421-423), Teutscher (la traduction de Schweigger sur Arrivabene, Schn., 427. Tentzel ne pouvait connaître la traduction allemande de Lange sur Glazemaker, Schn., 428). Arragonischer (Tentzel a-t-il su quelque chose de la traduction d'André?) Italiänischer (Arrivabene, d'après Bibliander, Schn., 425-426; de Sacy, Not. et ext., 9, 1, 103-109 et Freytag, Analecta, 17-18) Frantzösicher (Du Ryer, Schn., 427-428 et Sincerus, Nachrichten von lauter alten und raren Büchern, 1733. 2, 227-231) Englischer (trad. de Du Ryer, Schn., 428) und Holländischer Sprache (d'après Schweigger-Arrivabene, 1641; Schn., 427; Glazemaker sur du Ryer, 1658) gedruckt würde, wie solte er nun wehren, dass selbiger auch in der Arabischen Original Sprache heraus käme? Ja Gott hat es im vorigen Saeculo schon einmal gestattet, allein auff des Pabsts Geheiss sind die gedruckten Exemplaria alle verbrennet worden. Dieses muss ich desto kläer beweisen weil sich Gelehrte finden, die so wohl verbis als scriptis affirmiren, der Alcoran sey niemals Arabisch gedruckt worden. Der erste Zeuge soll seyn M. Joan. Henricus Haner, der in « Observationibus Philologico-Criticis. num. XVI » schreibet : « Alcoranum nunquam arabice typis excusum fuisse, plerorumque doctorum

vitorum est sententia. Sed horum animos falsa occupavit opinio. Eum enim
jam ante hos 150 annos in Italia fuisse excusum, docet quidam Italus epistolis
suis: quod ipsum etiam patet ex Ambrosii Thesei Introductione in varias
Linguas orientales, ubi fit mentio chatacterum Arabicorum, quibus impressus
fuit Coranus in Italia. Quaeris, si Alcoran in Italia fuit impressus, quare
hucusque nemo fuit, cui vel unicum ejus exemplar videre licuerit? Respondeo :
Pontifex Romanus exemplaria ad unum omnia impressa suppressit, sicuti
Magno Bosio a fide dignissimis viris est relatum. » Der andere Zeuge soll der
gelehrte Bosius selbst seyn, der « Dissertatione III de Statu Europae, num. XI, »
von dem Alcoran saget, dass man ihn heut zu Tage nur geschrieben haben
könne, setzet aber hinzu : « Etsi jamdudum, et ante CXX minimum annos,
a Paganino quodam Brixiensi litteris Punici — hoc est, Arabicis, expressum
esse diserte scribit Theseus Ambrosius in aja .... Introductionis in varias
linguas orientales Papiae anno MDXXXIX excuse, fol. 200 qui et ejusdem
Introductionis fol. 84 quaedam ex quarto ejus operis quinternione adducit. »
Der dritte Zeuge benimmt uns allen Zweifel, nemlich Thomas Erpenus, der
seinen *Rudimentis linguae Arabicae*, die er in octavo an. 1620 zu Leiden herausgegeben, einen *Catalogum librorum Arabicorum* angehenget, und alsobald im
Anfange unter « Venetii excusos » obenangesetzet « Alcoranum arabice circa
annum 1530 literis Arabicis : sed Exemplaria omnia cremata sunt. » Dieses
confirmiret noch mehr der vierdte Zeuge. Joannes Saubertus in Oratione de
Ebreae linguae utilitate ac necessitate », die seiner *Palaestra Theologico-Philo-
logica*, pag. 30 beygefügt ist : « Theodorus Bibliander Apologiam edidit pro
editione Alcorani, qui Arabice impressus Vulcanum subiit Venetiis a. 1530.....»
(L'auteur parle ensuite ici de livres ou manuscrits réclamés par le Roi de
Maroc et de la traduction du Coran que le Pape avait chargé Germanus de
Silesia de faire d'après les manuscrits de l'Escurial : cette traduction, restée
manuscrite, nous est maintenant connue par l'article de Devic, *Journ. asiat.*,
1883, 1 ; voir aussi Schnurrer, 47. Il continue en ces termes) : Dem sey wie
ihm wolle, versetzte Leonardo, mich begnügt bewiesen zu haben dass Gott
zugelassen den Alcoran zu Venedig zu drucken, wie solte ers denn heute zu
Tage wehren? Haben doch zweene wackere noch lebende Theologi auch
diesen Vorsatz gefasset, die ja dem göttlichen Willen sich nimmermehr so
praetracte widersetzen würden. Der eine ist Herr D. Augustus Pfeiffer zu
Lübeck, welcher noch zur Zeit seines Auffenthalts zu Leipzig seine « Theolo-
giam Judaicam et Mohammedanicam » von neuem an. 1687 drucken lassen,
und in der Praefation versprochen, mit nechsten den Alcoran herauszugeben in
Arabischer Sprache, mit einer Lateinischen Version, die besser seyn solte, als
die andern alle, und mit « Annotationibus » die den Verstand des Buchs
beförderten, welches auch die « Auctores » der *Bibliothèque Universelle*
anmercken. Tomo VII. pp. 221, 241 (Pfeiffer est mort avant d'avoir exécuté
ce projet : il laissait en manuscrit, un « Alcoranus triumphatus », que l'on
croit perdu.) Der andere ist Herr D. Hinkelmann zu Hamburg.... (Schnurrer,
410-412 et 424.) So sind auch Herr Prof. Dantz (voir plus haut) und Herr
M. Acoluthus zu Bresslau (Schnurrer, 414-415) keine Unchristen, die beyde

an der Edition des Alcorans arbeiten. Es ware wohl am besten wenn diese
Herren alle mit einander zu einer Edition conspirirten... Wenn sie nur des
Handels einig werden könten, für Gottes Zorn und Straffe hatten sie sich noch
viel weniger zu fürchten, als die jenigen, so der Jüden ihre leichtfertigen
Schrifften wider die Christliche Religion in Druck geben, indem bekant ist,
dass die Türcken nicht so auff Christum lastern, als die schelmischen Jüden.

Der Herr hat seine Thesin wohl probiret, urtheilte Antonio, aber sein
Vorschlag dürffte wohl zu Wasser werden.

Dissertatio historico-philologico-theologica de speciminibus, conatibus
variis atque novissimis successibus doctorum quorundam virorum in edendo
Alcorano arabico, quam... sub presidio Joh. Mich. LANGII... publicae venti-
lationi subjicit Georgius Michael SCHÜTZLEIN. Altdorfii. 1704. In-4. 48.

Voir aussi la preface du Coran de Hinckelmann. Cfr. Schnurrer, 410-411.

On n'a pas manqué de faire circuler sous le nom de Coran des pamphlets ou
d'autres fantaisies, à savoir :

Alcoranus Franciscanorum id est Blasphem. et nugarum Lerna de
stigmatisato Idolo, quod Franciscum vocant, ex Libro conformit. Anno XLIII.
(In fine.) Francoph. ex officina Petri Burbachii. Anno 1542. In-12.

Voir Baumgarten, Nachrichten v. einer hall. Bibliothek, 1, 286-350.
Lengnich, Beytrage zur Kenntniss selt. u. merkw. Bücher, 1, 55 et suiv.;
68 et suiv.; 2, X-XIII. — Gwinner, Kunst und Künstler in Frankfurt a.
M. Zusatze, 107. — Dirks, Hist. litt. et biblhog. des Frères mineurs, 1885,
134-135 et 213-216.

Alcoranum occidentale, D. i. Grund-Riss des in einen Französ. Staats-
Modell umgegossenen Türkischen Alcorans. Abgefasst bei der Musel-u.
Franz-Männer genommenen Tauf unter d. gebrochenen Brücke bey Esseck.
A. d. Türk. Teutschland (Nürnberg) 1688. In-4. 2 feuillets et 123 p.

Pamphlet contre Louis XIV.

(L. Sterne.) Coran or essays, sentiments, characters and allimachies of
Tria juncta in uno. M.(agister) N.(ullarum) A.(rtium.) 1775. — Aussi dans
l'édition des œuvres de Sterne, 1799, 8 volumes 8°.

Trad. allem. Hamburg 1778. — Trad. française par A. Pedouin.

Voir Quart. Rev., 94, 303-353. — Rev. de Paris, février 1853. — Bibl.
univ., 4e serie, 1853, 23, 286-282. — A. D(inaux), Archives du Nord de la
France, 3e serie, 4, 90.

« Je ne vois d'ailleurs pas, dit Sterne, pourquoi mes caprices ou mes rêveries n'auraient pas le droit de s'appeler al Koran, ou le Koran, tout aussi bien que les inventions et les mensonges de Mahomet auxquels on a donné ce titre, simplement parce qu'ils formaient une *collection de chapitres* — car tel est le sens du mot arabe... Le hasard, la chance et la fortune ont donc été mes Clotho, Atropos et Lachésis et c'est pourquoi j'ai pris le nom de *Tria juncta in uno.* » (Hédouin, 22 et 24.)

— Der Koran oder Monologen der Vernunft (von H. W. Bensch), Leipzig, Hüscher, 1779, In-8.

— Alkoran der Liebe (poésie persane).

Voir Arch. f. d. St. d. neuer. Spr., **30**, 440-441.

— 28 —

TEXTES

Le texte complet.

Flügel.

71. Corani textus arabicus ad fidem librorum manuscriptoru
et impressorum et ad praecipuorum interpretum lectiones et auctori-
tatem recensuit indicesque triginta sectionum et suratarum addidit
Gustavus FLUEGEL, Philosophiae doctor et Artium liberalium
magister, Afranei Professor, Societatis Asiaticae Parisiensis sodalis,
Societatis sorabicae Lipsiensis membrum honorarium. Lipsiae typis et
sumtibus Caroli Tauchnitii, MDCCCXXXIV. In-4. VIII et texte arabe (4)
et 341. 6 th. 6.

Heinsius, Bücherlexikon, 8. s. v. Coran, dit ce qui suit : « Das ganze
Werk ist stereotypirt. Der erste Abdruck hat einen verzierten vierfarbigen
Titel und keine Linien um den Text; der zweite (1835) hat einen Schwar-
zentitel und rothe Linien umgeben die Columnen. Die 1 Sure und der Anfang
der 2. sind von grossern, die Ueberschriften der anderen von kleinern
Verzierungen eingeschlossen. Sämmtliche Typen wurden in der Officin des
Verlegers, unter des Herausgebers und Jos. v. Hammer's Mitwirkung, nach
den besten Handschriften neu geschnitten. »

Quoi qu'en dise Heinsius, l'exemplaire orné (celui-là moins que nous avons
vu à la Bibliothèque de Louvain) porte la date de 1834. Le texte arabe
commence par une page blanche : la 2e donne le titre arabe; la 3e est blanche;
la 4e ne contient que la 1re sourate; toutes ces pages ne sont point numérotées.
La pagination commence alors (p. 1) avec la deuxième sourate; le reste est
conforme à l'exemplaire non orné.

C. R. S. de Sacy, Journ. d. Sav., 1836, 335-339. — R., Journ. asiat., 1835.
1, 579-580. Wilken, Jahrbb. f. wiss. Krit., 1835, 1, 319-320. — v. Hammer
Wiener Jahrbb., 76, 257-258. — Nöldeke (n° 43), 355-356. — Cfr. Journ.
asiat., 1840, 2, 117. (Exemplaires vendus en Orient.)

*72.— Corani textus arabicus... Edit. stereot. II curis emendata, 4 maj. (44), Bl. mit rother Einfassung.) Lipsiae 1841. C. Tauchnitz. 6 th. 16.

*73.— Corani... Ed. ster. tertium emend. Lipsiae, 1858.

Cette edition, que ne donne pas Heinsius, figure au catalogue Flügel, 1^e partie, n° 584 et au catalogue Maisonneuve 1872, n° 3559.

*74.— Corani.... Ed. ster. C. Tauchnitii tertium emendata. Nova impressio. 4. X. 344. Lipsiae 1870. Bredt. 20 m.

Heinsius, **15**, s. v.

*75.— Corani... Ed. ster. tertium emendata. Nova impressio. Lipsiae 1881. Bredt. X. 341. in-4. 20 m.

Heinsius, **17**, s. v.

*76.— Corani textus arabicus... Ed. ster. Tauchnitzii tertium emendata. Nova impressio. Lipsiae, Bredt. 1893. In-4. X et 341. 20 m. (¹)

*77.— Coranus arabice. Recensionis FLÜGELIANÆ textum recognitum iterum exprimi curavit Gustavus Mauritius REDSLOB, phil. D^r et in univ. literaria Lips. prof. publ. extraord ; editio stereotypa. Lipsiae typis et sumptu Caroli Tauchnitii. 1837. Gr. in-8. 538. 5 th.

C. R. M. G. de S(lane). Journ. asiat.. 1837, **2**, 504. — v. Hammer, Wiener Jahrbb., **101**, 96-102. — Flügel a protesté contre l'impudent plagiat de Redslob dans la préface du deuxième volume de son H. Halta, IX-X.

*78.— Coranus arabice... Editio ster. novis chartis impressa. 8 maji. VIII. 534. Lipsiae, 1855. C. Tauchnitz. 5 th.

(¹) Le catalogue Desgranges, Woepcke et Bianchi cite, sous le n° 552, une edition sans date. Il s'agit sans doute d'un exemplaire inutile.

79. — Coranus arabice... Editio ster. C. Tauchnitii, novis chartis impressa. Gr. in-8. VIII et 535. Lipsiae. 1867. Bredt. 2 th.

80. — Le Coran texte arabe de FLUEGEL, revu et publié par Gustave (sic) M. REDSLOB Dr. en philosophie, professeur à l'Université de Leipzig. Nouvelle édition. Leipzig Ernst Bredt, éditeur. Paris Maisonneuve et Co. 15 quai Voltaire. 1870. Gr. in-8. (I-II), V-VIII et 534.

V-VIII. Index versuum qui singulis libri paginis continentur.

C'est le n° précédent où l'on a remplacé le titre de l'édition allemande (I-IV) par un titre français (I-II.) Ce qui le prouve, c'est que la pagination passe de (II) à V. (¹)

Hafiz Osman

81. — مصحف شريف « Coran »; édition phototypée, publiée, avec l'autorisation de la Porte, par M. Fanton, d'après un exemplaire de l'an 1094, écrit par le célèbre calligraphe HAFIZ OSMAN, Constantinople. 1288. 8 medjidié d'argent.

Cette édition, dit le Journ. asiat. 1873. 1. 543. n° 16, est accompagnée d'un certificat de sept qourrâ (lecteurs) attestant l'exactitude du texte et les divergences existant entre les écoles de Coufa et de Basra, quant au nombre des versets du livre sacré.

Trübner. Am. and Orient. Record. 7. 54-55. — Polybiblion. 8. 128. — Spectator. 1871. 325-326.

Nuru ddin Ali of Mekka, called el-Kari or the Coranist, dit un catalogue anglais, flourished in the early part of the seventeenth century, and ranks amongst the followers of orthodox Islam as an unsurpassed commentator and traditionist. Consequently his copy of the Coran is looked upon by the Muslimin as a codex of the highest importance; and the transcript made by

(¹) Au surplus, comme il s'agit d'une édition stéréotypée, il est difficile de distinguer un véritable tirage de la mise en circulation d'un ancien exemplaire avec un titre nouveau. Cette observation s'applique aussi aux éditions de Flügel.

the Hafiz Osman, another eminent doctor of the later part of the same century, carries a prestige of authenticity and trustworthiness which does not attach to ordinary copies. »

‹ لعرجية عمر . Coran imprimé par les soins d'Osmän-beg 2ᵈ chambellan de S. M. I. le Sultan. Reproduction de l'écriture du célèbre calligraphe Häfiz Osmän Efendi 1297.

Journ. asiat., 1882, 1, 174-175, nᵒ 28.

˙82. — The Koran reproduced by collotype process from a manuscript containing the text as revised by ‘Alī al Kari, copied by Hafiz ‘Uthmän. Lond. 1871. Lith. In-12. 428.

Elhs. Brit. Mus., 1, 873.

˙83. — Der Koran. Arab. Photolith. n. d. in Constantinopel befindl. arab. Manuscr. v. HAFIZ OSMAN. London. 1873.

Catalogue 115 de Stargardt, Berlin. 1877, 15, nᵒ 472.

˙84. — Der Koran, nach dem arab. Original-Manuscript von Ali Ahkali (¹) geschrieben von HAFIZ OSMAN (im J. 1094 der Hedschra). Phototypographische Reproduction. In-8, 876 (mit chromolith. Titel.) London, 1881. (München, Franz'sche Buchhandlung.) 30 m.

Heinsius, 17, vᵒ Koran.
Der Orient von Arnaud v. Schweiger-Lerchenfeld, Wien. Hartleben en reproduit une page, que donne aussi le compte-rendu de cet ouvrage dans Westermann's Monatshefte, 50, 368 (1881).

˙85. — Le Coran, texte arabe. Edition photographiée sur le célèbre manuscrit original de HAFIZ-OSMAN-EFFENDI, écrit l'an 1094 de

_____
(¹) C. à. d. al qari.

l'hégire (année 1715 de l'ère chrétienne). In-16, 882 p. Paris, impr. Monrocq, Librairie Bouret, 16 f. (19 décembre 1883.)

Papier teinté. Titre or et couleur.

Une page est reproduite dans la Bibliographie de la France, de 1883, Annonces, p. 1851 et dans les annonces de la Revue des deux Mondes du 15 décembre 1883.

C. R. : Le livre, 1884, 10 fev., Bibl. mod., 92-93.

' 86. — The Koran edited from the manuscript copy of Hafiz 'Uthmān. Another edition of the Koran published at Constantinople in 1881. Lithog. 1890. In-8. 819.

Ellis, Brit. Museum. **1**, 876.

' 87. — A photograped edition of Hafiz Osman's manuscript of the Koran. Woking, Oriental University Institute, 1896.

C. R. : Asiat. qu. rev. **2** (1896), 307-308.

St-Pétersbourg.   **' 88.** — Le Coran en arabe, imprimé sur l'ordre de Catherine II. (St-Pétersbourg, 1787.) Petit in-fol. 477 à 17 lignes, plus quatre feuillets pour la table des sourates

C. R. Schnurrer, 418-420. — Dorn (¹), 930-931 et 931-932 (Flügel, H. Hal., **4**, 332.). — Cat. Van der Palm, 51, n° 82. — Hasse, Mag. f. d. bibl. or. Lit., **1**, 253. — Michaelis, neue or. Bibl., **6**, 25-32. — Gött. gel. Anz., 1788, 1201-1203. — Eichhorn, Allg. Bibl. d. bibl. Litt., 1 (1788), 1035. — Journ. encyclop., 1788, **3**, 551. — Nöldeke (n° 43), 355-356 et 357.

(¹) Chronologisches Verzeichniss der seit dem Jahre 1801 bis 1866 in Kasan gedruckten arabischen, türkischen, tatarischen und persischen Werke, als Katalog der in dem asiatischen Museum befindlichen Schriften der Art, von B. DORN (Collaboration de GOTTWALDT.)

Dans Mélanges asiatiques, **5**, 533-649 (ou Bullet. de l'Acad. de St-Pétersbourg, 1865, **11**, 305-385.)

89. — St-Pétersbourg, 1789.

Dorn, 631.

90. — St-Pétersbourg, 1790. Pet. in-fol. 477 à 17 lignes, plus la page de la prière et 4 f. pour les tables. L'errata ne relève plus que 13 fautes, contre 32 de l'errata de l'édition de 1787.

Cat. de Sacy, n° 1464. Dorn, 631.

91. — St-Pétersbourg, 1793.

Schnurrer, 420.

92. — St-Pétersbourg, 1796.

Zenker, 1, 197, n° 1393. — Dorn, 632.

93. — St-Pétersbourg, 1798.

Zenker.

94. — « Coran coufique écrit, d'après la tradition, de la propre main du troisième calife Osman (644-656) et se trouvant maintenant dans la Bibliothèque impériale publique de Saint-Pétersbourg. Édition de S. Pissareff. St-Pétersb. 1905. Gr. in-fol. Relié en imitation de cuir. 1100 m.

» Publication magnifique. L'édition est imprimée sur papier ivoire, à un très petit nombre d'exemplaires, dont environ 25 sont mis en vente.

» Toutes les planches de ce manuscrit, connu sous le nom de Coran de Samarkande, au nombre de 706, qui se sont conservées jusqu'à nos jours, sont faites dans la dimension de l'original (50 à 67 cm.) et reproduisent parfaitement le texte et les riches ornements dans les mêmes couleurs. »

Ce qui précède est extrait de la Bibliotheca asiatica (cat. Baer 1907, n° 546) 2, 82, n° 3260. Cfr. Petzholdt, Anzeiger, 1870, n° 818.

Il a paru en 1897 le facsimilé d'une page, St-Pétersb., Buragani (Or. Bibl., **11**, 137, n° 2596.) Un article de l'Allg. Zeit. 1902, **4**, 455, annonce qu'on tirera 50 exemplaires. (Or. Bibl., **18**, 307, n° 5883.) Autre article : Zeit. f. Bücherfreunde, **8**, 416, d'après le Svet. (Or. Bibl., **19**, 299, n° 5874.)

'**95**. — Dès le début du dix-neuvième siècle, on a imprimé à Casan des Corans, dont les premières éditions au moins reproduisent servilement celle de St-Pétersbourg. Le tirage a toujours été très fort (Dorn, 594 et 597) et le prix, modéré (596.) En outre, il s'y est établi bientôt de nouvelles imprimeries. Mais il serait difficile de décrire ces livres, parce qu'ils n'ont guère pénétré dans l'Europe occidentale, en partie à cause de certaines défenses d'exporter. (Journ. asiat., 1833, **2**, p. 2 des annonces du numéro d'octobre.)

Tout ce qu'il est possible de faire ici est de reproduire et de compléter l'énumération de Dorn [1].

— 1801.

Douteux. Dorn, 583.

— 1803.

In-4 en 1 volume ou in-8 en 10. Reproduction de St-Pétersbourg, 1787. Schnurrer, 420-421. — Dorn, 539 et 629-530. — Gött. gel. Anz., 1815, n° 54.

— 1804.

In-8. D., 530.

— 1807.

In-4. D., 540.

[1] Elle va jusqu'à l'année 1866. Les indications que Dorn donne dans son index alphabétique (628-629) sont moins complètes que celles qu'il a réunies dans le relevé par années.

— 1809.

In-4. Reproduction exacte du Coran de St-Pétersbourg, 1790. —
D., 540. — De Sacy, n° 1465 ([1]).

— 1816.

In-fol. 478 (— St-Pétersb., 1787). — D., 541 et 620. — Wiener Jahrbb.,
11, 130. — Leip. Litz., 1821, 1218.

1817.

In-4, 1 tom. en 2 vol. 764 à 11 lignes. — De Sacy, n° 1466. — Heinsius, 6, s. v° dit : « Kur'an, der, mit neuen arabischen Typen gedruckt
und mit Randglossen versehen von Prof. Frähne. Fol. Kasan. (Stiller in
Rostock). 1817. 8 th. » — Frähn a écrit à la Leipz. Litz. (1822, 2567)
pour déclarer qu'il est étranger à la publication du Coran ou des extraits.—
Horn, 631. — Vendu 50 francs à la vente St-Martin. (Catal., n° 82.)

1819.

In-fol. avec comm. 478 et 6. — Brunet. — Cat. Dondey-Dupré, 1821,
n° 78, (125 f.). — Cat. St-Martin, n° 80. (60 f.).
In-12, 6 vol. Cat. St-Martin, n° 83 (45 f.). — Zenker.

1820.

Fol. (— St-Pétersb. 1790) 477, 1 p. pour la prière, 3 de tables,
1 d'errata, dont il y a 12 au lieu de 13 (1790), la p. à 17 lignes. — Thonnelier, n° 549. — D., 542. — Leip. Litz., 1821, 1218 et 1822, 1027.

1821.

In-4. Reprod. de l'édit. de 1817. — De Sacy, n° 1467. — D., 542. —
Leip. Litz., 1822, 1027.

— 1832.

Fol. 477. — D., 543. — Cat. Flügel, 1, n° 583.

— 1833.

Fol. — D., 544. — Chr. Ellis, 1, 870.

([1]) En 1814, invitation à souscrire. D., 584-585. — Bibl. de la deut. morg.
Ges., 103.

— 1838.

Fol. — D., 545.

— 1830.

Fol. (= St-Pétersb. 1787). — D., 546. — Zenker.

— 1841.

Fol. D., 546.
Fol. (Schewitz). — D., 549.

— 1842.

Fol. — D., 547.
Fol. (Schewitz). — D., 547.

— 1843.

Fol. (1817.). — D., 547. Zenker.

— 1844.

Fol. 3 éditions. D., 548.
Fol. (Schewitz) 2 édit. — *Id.*
Fol. (Université) *Id.*
In-4. La seconde partie en 1845. *Id.*

— 1845.

Fol. D., 549.
In-4. *Id.*

— 1848.

D., 553.

— 1850.

Fol. 3 édit. D., 555.

— 1851.

Fol. 3 édit. D., 556.

— 1852.

Fol. 2 édit.: 4°, 1 édit.: une autre. — D., 558.

— 1853.

Fol. 6 édit.: 4°, 2. D., 559.

— 1854.

Fol. et format non indiqué. — D., 561.

— 1855.

Fol. 2 édit. — D., 561.

1856.

Fol. 3 édit.; 4°, 1 édit.: format non indiqué. — D., 563.

— 1857.

Fol. 1 édit.; format non indiqué. — D., 565.

— 1858.

Fol. 4 édit.; 4°, 1 édit. — D., 567.

— 1859.

Fol. 3 édit.; 4°, 1 édit. — D., 569-570.

— 1860.

Format non indiqué. — D., 572.

— 1861.

In-8. — D., 574.

— 1862.

Fol. et in-8. — D., 576.

— 1863.

In-8. — D., 578.

— 1864.

Fol. 2 édit.; in-8, 1 édit. — D., 579.

— 1866.

Fol. — D., 582.

— 1884.

In-4. Kokowinoj. (Lithl. f. or. Philol., **2**, 342, n° 4356.) (¹)

(¹) On a certainement imprimé le coran à Casan entre 1866 et 1884 ; mais, pour cette période, il n'y a pas de source comme Dorn ou l'Orient. Bibliographie.

— 1887 (?)

Quatre éditions : Fol., 422. — In-4, 552, 423, 552. (Or. Bibliog., 2, 269, n° 4355.)

— 1888.

Tschirkow. In-4, 553 et Univ. in-4, 548. (Or. Bibliog., 3, 47, n° 973.)

— 1890.

Univ. In-4, 551. — Univ. Fol. 422. — Cirkow, in-4, 552 et fol., 423. (Or. Bibliog., 6, 50, n° 1060.)

— 1897.

In-4, 422. (Or. Bibliog., 11, 276, n° 5100 a; cfr. 15, 270, 5400.)

— 1898.

In-8, 551. C. R. Katanov. Dejatel, 1898, 495. (Or. Bibliog., 12, 132, n° 2499.)

— 1901.

Bakirov. 575. (Or. Bibliog. 15, 270, n° 5401.)

— 1903.

In-8, 576. (Cat. Geuthner, 26, n° 3725.)

— 1905.

Gr. in-8, 575. Édité par 'Alim Gane et 'Abdoul Qayyoûm (8° Cat. Haupt, 60, n° 1016.)

— Sans date.

Dorn, 582 croit que ce Coran est de 1820.

Extraits.

96. Casan.

Depuis 1801, il a paru à Casan des extraits du Coran sous différents titres : منتخب (table, Dorn, 610), سور (table, 624), منتخبات (table, 636 ; nombre d'exemplaires, 595 ; prix, 596) et منتخب (table, 640 ; nombre, 595 ; prix, 596).

L'énumération s'en trouve à presque chaque page du catalogue par années (528-582.) Il n'y a pas d'édition pour l'année 1819 ; le catalogue St Martin (1852) porte cependant « Extraits du Coran. Kasan. 1819. In-12 » Cet exemplaire a été vendu 8 f. 50. (St Martin, 10, n° 84.)

Sans aucun doute, la première édition du *Haftiak* est de 1801. Voir Dorn, 639, 640 et 583 ; Catalogue Goldemeister (Harrassowitz, n° 175), 42, n° 654.

L'Orientalische Bibliog. cite également des éditions d'extraits : 1896 (**10.** 274, n° 5339) ; 1897 (**11.** 137, n° 2594 et 2600) ; 1898 (**12.** 132, n°° 2502 et 2503) ; 1899 (**13.** 298, n° 5358) ; 1900 (**14.** 180, n° 3211) et 1901 (**15.** 270, n°° 5400 et 5402). (¹)

97. — Cap. XXXI Corani, arabice et suethice, auctore J. J. HJORTH. Upsal. 1814.

98. — Corani Sura I. (arabice et) suethice p. p. Samuel Ericus PETERSSON et Car. Jac. PETERSSON. Upsaliæ 1815. In-4.

99. — Præs. Mag. J. U. Wallenius. Corani Sura LVII arabice et suethice. Abo. 1816 et 1819. 2 fasc. in-4.

(¹) On sait que les sujets tatares de la Russie sont, depuis quelques années, entrés franchement et énergiquement dans les voies de la civilisation occidentale. (Voir Die Kulturbestrebungen der Tataren von H. VAMBÉRY, dans Deutsche Rundschau, **182**, 72-91.) On peut se demander si ce remarquable mouvement n'aura pas pour effet de diminuer la production des corans et de ses extraits à Casan.

Voir M. Hartmann pour ce genre de collections, qu'il appelle *qoranaires*

*100. — Koran I. — XCVII. — III, 2-7. — II, 97-99. — CXII. —
II, 256. — II, 137. — LVII. — II, 30-39. — LVI.

Dans Johann David MICHAELIS, Arabische Grammatik und
Chrestomathie. Dritte... Ausgabe. Besorgt von Georg Heinrich
BERNSTEIN. Zweyter Theil. Arab. Chrestomathie. Göttingen...
1817. In-8.

101. — Coranica.

Dans Oberleitner, Chrestomathia arabica, 1823, **1**, 110-161.

Sure : I : II, 1-74 : III, 1-120 : XII : XIII : XIX, 1-35 : LXXVI, 1-2 :
LXXVIII : LXXXI : LXXXVIII.
Surtout d'après Marracci ; cfr. Praefatio, VII-VIII.
C. R. Rödiger, Hall. Allg. Litz. 1827, **4**, 554 et 557-558 (¹).

102. — Anthologia Coranica.

Dans Th. Chr. Tychsen, Gram. d. arab. Schriftsprache, 1823, in-8,
40 pages. Cfr. p. IV.

Surates **1** : **96** : **68** : **91-95** : **2**, 1-109 : **23**, 1-64 : **47**, 1-14 : **5**, 1-11.

*103. — (CAUSSIN.) Les trois premiers chapitres du Coran, en
arabe. Paris, types Molé. 1825. In-4. 43. (Sans frontispice.)

*104. — Viro S. V... Ch. Wolterstorff... solemnia semisecularia....
celebranti .. gratulantur sodales secundae classis gymnasii Soltquellen-
sis interprete C. A. F. Herm. SCHULZE secundae classis cive. Insunt
Corani Surae VI versus 74 priores ex tribus codd. msc. adjecta lectionis
varietate emendati et latine conversi. Hallis Sax. Gebauer. 1828. In-4.
15 et 10.

d'après l'analogie des Évangéliaires. (Der islamische Orient, II III, 72-73.) Les
Persans (et probablement tous les chi'ites) les désapprouvent : Le Coran,
pensent-ils, doit toujours être reproduit intégralement.

(¹) = Jahn, 1-45 : De Sacy, Mag. encycl., 8ᵉ année, **4**, 308.

C. R. F. B., Krit. Bibl. v. Seebode, 1828, 876. — Hall. Alg. Litz., 1829, 4, 264.

105. — Coranus arabice Sectio I Cap. I-VI. Sumtibus SARTORII Leodiensis Anno fugæ MCCXLV'. (Liége, 1829) gr. in-4. (2) et 55.

Journ. asiat., 1830, **1**, 157.

106. — Arabic selections, with a vocabulary. By Edward Vernon SCHALCH... East-India College... 1830. In-4.

42-46. Les sourates 1, 64, 76 et 112.

107. — Sura Korani XLV' Arabice et Svethice Consentiente Amplissimo Philos. ord. Lundensi publico examini deferunt Christophorus TEGNÉR Philos. Magister et Carolus S. NYGREN Wermelandus. In Lyceo Carolino die XXI Junii MDCCCXXXI. Londini Gothorum MDCCCXXXI, Typis Berlingianis. In-4. (2), 19 et texte ar. 14.

108. — Specimina coranica.

Dans Humbert, Arab. chrest. facilior, 1835, 123-173.

D'après Marracci.

Sourates **1** : **2**, 2-25, 28-39 et 40-50 ; **12**, 2-101 ; **13**, 29-39 ; **17**, 86-97 ; **18**, 8-20, 23-27 et 62-101 ; **21**, 1-10 et 16-44 ; **23**, 1-63 ; **25**, 1-10 ; **32**, 2-30 ; **47**, 1-14 ; **64** ; **67** ; **68**, 2-52 ; **78**, 1-15 ; **81** ; **88** ; **92** ; **93** ; **95** ; **96**.

109. — Coranus.

Dans Petermann, Brevis linguæ arab. grammatica, 1867, 14-33.

Sura **1** : **2**, 15-19 ; **3**, 1-124.

Mêmes textes dans la première édition de la grammaire, 1840.

110. — Capita quædam Korani cum commentario.

Dans Arnold, Chrest., arab., 1853, 185-202 ; ch. XXV-XXVI ; 232.

Sourates **71**, **81**, **95** et **101**. — Le commentaire est celui de al-Farrâ'.

'**111.** — Le Koran (les 64 dernières sourates), texte arabe, autographié par M. O. HOUDAS, professeur de langue arabe à Collége

impérial arabe-français d'Alger, membre de la société historique algé-
rienne; ouvrage imprimé par ordre supérieur, pour servir à l'instruction religieuse des élèves du Collège impérial français. Alger, Dubos
(1864?) Petit in-4 oblong. 3 f.

'112.— Coranus seu Lex Islamica Muhammedis. E codicibus Regiæ
Bibliothecæ publicæ Dresdensibus edidit Carolus Henricus SCHIER.
Dresdæ, ex offic. Teubneriana. 1868. Lex. 8.

C'est un spécimen.
C. R. Petzholdt, Anzeiger, 1868, 269.

113.— Extracts from the Ko'ran.
Dans Wright, an Arabic Reading-Book, 1870. 162-168. Ch. XIX

D'après l'édition de Baidawi par Fleischer. La traduction de tous ces textes
dans Lane, Selections.

1. The Fatiha. 2. Of the Kor'an and other Scriptures, **2.** 1-6. 1. Of
God, **112** et **2.** 256. 4. Of Jesus the Christ, **19.** 16-38 et **4.** 154-157 et
196-170. 5. Of Mohammed, **61.** 6-9. 6. Of the Day of Judgment.
Paradise and of Hell, **81.** 1-14; **2.** 33; **4.** 123; **50.** 30-33; **18.** 28-30 et
22. 20-23.

114.— Alquran Sura 1 et 2.
Dans Lagus, Arabisk Krestomati, 1874. 45 73 et 117. Ch. 109-112.

'115. — Extracts from the Coran in the original; with english
rendering. Compiled by Sir William MUIR... London. Trübner and
Cᵒ. Lugdate Hill. 1880. Gr. in-8. VIII et 63.

Trente-cinq extraits des sourates 1 à 80.
C. R. Academy **17.** 418. E. N(estle), Lit. Centralbl., 1880, 1787-1788
The Church Missionary Intelligencer.

'116. — Extracts... Second Edition. 1882. VIII et 64. 2 sh. 6 d.

C. R. Ind. Antiquary; **15.** 88.

'117. — GIL, Colección de textos aljamiados. 1888. In-8.

1835-1836. Les sourates 1, 79 et 95 du Coran, avec version interlinéaire *al imlado* (espagnol en caractères arabes).

*118. — Chrestomathia Qorani arabica. Notes adiecit, glossarium contexit C. A. NALLINO, Lipsiae, Gerhard, 1893. In-8, VI, 68, 7 et IV, 4 m. 50.

Sourates 1, 12, 18, 19, 21, 55 et des fragments.

C. R. A. S(ocin), Lit. Centralbl. 1893, 857. — Barth, Deut. Litz, 1893, p. 5. — v. Hoonacker, Muséon, **12**, 191-192. — Goldziher, Rev. de l'hist. d. rel. **28**, 378-382. — Basset, *ibid.*, **47**, 122-123. — R., Rev. crit., 1894, **1**, 135. — B. de Meynard, *ibid.*, 454-462.

*119. — Elementary Arabic. First Reading-Book. By Frederic Du Pre THORNTON and Reynold A. NICHOLSON, M. A., Lecturer in Persian in the University of Cambridge and sometime Fellow of Trinity College. The Cambridge University Press. 1907. Gr. in-8. XX et 248. 6 sh.

Extraits du Coran, qui avaient déjà parus en 1893 avec un glossaire et en 1907 sans glossaire mais avec analyse grammaticale.

*120. — سورة يوسف . Sourate de Joseph. Texte arabe accompagné d'un vocabulaire à l'usage des commençants, pub. p. Ed. MONTET, Genève, Eggimann et Cⁱᵉ 1896. In-8, 20.

C. R. Asiat. qu. rev., **1**, 458.

*121. — Selections from the Koran with an introduction, etc. Mad. Christ. Lit. Soc. 1896. In-8 232.

*122. — K. VOLLERS. Korän-Suren mit der Uebs. Klamroth's u. Erläut.

Dans Marksteine a. d. Weltlitteratur in Originalschriften hrsg. v. J. Baensch-Drugulin, 1902, n. 193. (¹)

(¹) Les phrases que donne Freytag aux pages 1-30 de sa chrestom. arabe de 1834 sont presque toutes, tirées du Coran.

Sourates non admises dans le Coran.

123. — NÖLDEKE (n° 43), 174-188.

Offenbarungen, die in unserem Qoran fehlen, aber anderweitig erhalten sind.

124. — v. HAMMER, Literaturgesch. der Araber, **1**, 576 et Nöldeke (n° 43), 228-232.

Les deux sourates d'Oubaï.

125. — Chapitre inconnu du Coran. Publié et traduit, pour la première fois, par M. GARCIN DE TASSY.

Dans Journ. asiat. 1842, **1**, 431-440 et à part.

Reproduit (sauf le texte arabe) dans Institut, **7**, 155-156. — Traduit en allemand par Weil (n° 65), 82 et suiv.

C. R. Nöldeke (n° 43), 221-223.

126. — Observations de Mirzä Alexandre KAZEM-BEG, professeur de langues orientales à l'Université de Casan, sur le chapitre inconnu du Coran, publié et traduit par M. Garcin de Tassy. (Journal asiatique, mai 1842.)

Dans Journ. asiat., 1843, **2**, 373-427 et à part.

— Note de M. GARCIN DE TASSY.

Ibidem, 427-429.

Voir Nöldeke (n° 43), 33. — Dugat, Hist. des orientalistes de l'Europe, **1**, 173.

Manuscrits.

127.— Manuscrits du Coran. (¹)

Agen.

Catalogue des Bibliothèques des Départements, **3**, 222. (²)

Alger.

Départ., **18**, (Fagnan), 60-72 : 230, nᵒˢ 835 et 836 : 231, nᵒˢ 846 et 847 : 360, nᵒ 1350, 10.

'Ali.

Nœldeke, (nᵒ 43) 238. — Mag. encyclop., **3**, 4, 554.— Hartmann, Tychsen, **2**, 2, 161. — Enc. brit., **16**, 606. — Revue de l'islam, **3**, 32.

Amiens.

Départ., **19**, 454 et 478.

Amsterdam.

Remontrants, Cat. Leide, **5**, 308.

Angers.

Départ., **31**, 565.

(¹) On sait que les manuscrits du coran sont très nombreux et qu'il serait fort difficile de faire un relevé complet : on voudra donc bien excuser les lacunes de notre énumération.

Les corans manuscrits peuvent se classer d'après l'écriture (coufique, magrébine, etc), ou d'après les ornements qu'on y a ajoutés, etc. On trouvera une classification intéressante dans le catalogue des manuscrits de Gotha par Pertsch, **1**, 374-376.

(²) Outre la collection in-8 des catalogues des manuscrits des Départements de la France, il y a une collection plus ancienne, in-quarto, que la nouvelle complète. (Catalogue général, 7 volumes ; le premier est de 1849).

Avignon.

Départ., **20**, 484. (Deux corans.)

Bajazet.

Voir Dresde.

Bâle.

Migne, Dic. des manuscrits, **2**, 1570. — Jordan, Histoire de la vie et des ouvrages de Mr de la Croze, 39-40.

Berlin.

Ahlwardt, **7**, 101-139 (coufiques) et 139-155 et **21**, 573.

Berne.

Sinner, **1**, 3 et 165-166; **2**, 317-319.

Besançon.

Départ., **32**, 187-189 (188-189 coufique).

Bologne.

Baron Rosen, Collection Marsigli, 23-27

Bonn.

Gildemeister, 1-5.

Bordeaux.

Départ., **23**, 186 et 500.

Boulogne sur Mer.

Départ., coll. in-4°, **4**, 639.

Brescia.

Un coran en 12 volumes sur papier, avec miniatures.
Voir Serapeum, **21**, Intellig. Bl., 169.

Breslau.

Plusieurs corans. (Petzholdt, Anzeiger, 1865, 246.)
Kundmann, Von einem sehr künstlich klein geschriebenen Alcoran. (Dans Rariora naturae et artis, Breslau, 1737, 5ter Abschnitt, Articulus 43. Von Zentralbl. f. Bibliotheksw., 1907, 50.)

Brill.

Voir Leide.

Bruxelles.

Entre autres, un fragment de coran d'Ispahan, 1387 et un coran de 968 (1560-1561) d'une mosquée de Galata. Grand format, richement ornés. (Bibliothèque Royale.)

Caen.

Départ., **14**, 247 et 274.

Caire.

Voir n° 128, ci-dessous, v° Schwinn et Moritz.

Calais.

Départ., **4**, 312.

Cassel.

Tentzel, monat. Unterr., 1690, 1680.
Hartmann, Tychsen, **2**, 2, 9.
Wepler, Cat., 7, 9, 10, 15.
Hessische Beiträge zur Gelehrsamkeit und Kunst, **1**, 480, 462.

Châlons sur Marne.

Départ., **3**, 37 et 45.

Chartres.

Départ., **11**, 306.

Collections particulières. (¹)

Lord Amherst. A Hand-List of a collection of books and manuscripts belonging to The Right hon. Lord Amherst of Hackney. Compiled by Seymour de Ricci. Cambridge. Printed at the University Press 1906. For Private circulation. In-4, 367.
Anisson-Duperron. Paris.
Didot. Voir n° 128, ci-dessous.
Laferté-Senectère. Cat. 1873, 236, n° 2262.

(¹) Cette rubrique, ainsi que celles des Libraires et des Orientalistes, est loin d'être complète.

Mirza Reza Khan. Leroux 1894, 9-11. Collection remarquable, dont une
partie chez Quaritch, Rough List n° 143, 32-33.

v. Muri. Memorabilia bibliothecarum publicarum norimbergensium et Univ.
Altdorf., **2**, 168, note*** et **3**, 295.

Duc de Sussex. Asiat. journal, mars 1827,37). — Bulletin de Férussac,
9, 345.

Windhagen. Dict. de Meninski, **1**, CLX.

Zeisberg. Serapeum, **16**, 33.

Constantinople.

Le tome **7** du H. Halia de Flügel donne les catalogues des mosquées de
Constantinople (Caire, Damas, Alep, Rhodes) : on y trouvera des corans.
Mais il vaudra mieux consulter les 41 catalogues des mosquées de Constan
tinople, dont le catalogue n° 264 de Harrassowitz donne l'énumération, page 17.
Trois catalogues nouveaux. Cat. Haupt, Juli, 1907, 19, n°° 1145-1147.

Copenhague.

Voir au n° 128, Adler et Lindberg.

Cottonian Library.

Classical Journal, **14**, 108.

Deventer.

Cat. Leide, **5**, 297.

Dijon.

Départ., **5**, 29.

Dôle.

Départ., **13**, 378 et 381.

Donaueschingen.

Barack, 4-5.

Draguignan.

Départ., **14**, 407.

Dresde.

Fleischer, 23, 33, 37, 42, 45, 46, 48, 69, 75. Fragments : 23, 29, 34, 37,
42, 43, 44, 45, 49-50, 74. (Table, 101.)
Le Coran de Bajazet, Fleischer, 75.— Bull. de Techener, **47**, 183.

Dunkerque.

Départ., **26**, 533.

Escurial.

Casiri, **1**, 485, 497, 595, 596, 597. (Voir la table au t. **2**, v° Alcorant.)

Florence.

Bib. Medic. Laur. et palat. Flor., 44-49, 442-451 (analyse) 452-473, 474-476.

Fulda.

Lotsbach, de cod. arab. fuldensi. 1804. In-4.

Genève.

Senebier, 26.

Glasgow.

Migne, Dict. des man., **2**, 96, 107 et 108. (Univers. et Hunterian museum.)

Görlitz.

Naumann, Die Bibl. der oberlausitzer Ges. d. Wiss. alphabetisch verzeichnet. 1819. (3 corans.)

Il doit y avoir aussi des corans dans la bibliothèque Milich.

Gotha.

Per sch., **1**, 370-396 (coufiques) : 396-407 : **2**, 80, 98, 101, 102 : **5**, 18-19.

Grenoble.

Départ., **7**, 615, 646 et 647.

Groningue.

Cat. Lende, **6**, 286-288

Brugmans, 252-253 et 255.

Halle.

Baumgarten, Nachrichten v. einer hall. Bibliothek, **6**, 223-226 et 229-230.

Katalog d. Bibl. d. deut. morg. Ges., **2**, Handschriften. Leipz... 1881, 14 et 15. (Depuis 1881 la société a acquis d'autres corans.)

E. Rödiger, Ueber ein Koran-Fragment in hebräischer Schrift, Hs. der D. morgenl. Gesellschaft. Dans Zeit. d. deut. morg. Ges., **14**, 485-489 : Steinschneider, *ibid.*, **15**, 381 : Geiger, 414. Nöldeke (n° 43), 350.

Hambourg.

Migne, Dict. des man., **2**, 13.

Hannovre.

Bodemann, 93.

Harleian collection.

A catalogue of the Harleian collection of manuscripts, 1759, 2 vol. fol. Nᵒˢ 1661; 3279; 3285; 3456; 3319, 2; 5445; 5448; 5463; 5472; 5473; 5454 5292; 5499; 5510; 5502; 1005; 3279.

Hébreu.

Von Halle.

Kiel.

Ratjen, 1873, 8 (= Nuremberg, Murr, **2**, 168) et 10.

La Haye.

Musée Westhreenen, Cat. Leide, **5**, 311.

Langres.

Depart., **21**, 107

La Rochelle.

Depart., **8**, 103 et 158

Lausanne.

Migne, Dict. d. man., **2**, 1783.

Leeuwarden.

Cat. Leide, **5**, 307.

Leide.

Cat. Leide, **4**, 1-5 et **5**, 232-253, 319 et 325-326.

Weijers, dans Orientalia, 1840, 207-301 (Commentarii de codd. man. c. mt. Bⁱⁱ Leid.) décrit plusieurs corans.

Brill, Cat. de manuscrits arabes provenant d'une bibl. privée à El-Medina, par Landberg, 35.

Leipzig.

Université, Vollers, 13-18; 188, 607; 275, 845, 3; 275, 7; 275, 23; 278, 1; 8; 2, 373.

Naumann, Führer durch die Ausstellung von Handschriften und Druckwerken auf der Stadtbibliothek zu Leipzig, 1856, 14-15.

Libraires.

Condey-Dupre, 1846, 207-208 et **212**.

Gaurtner, n° 26, 118.

Maisonneuve, 1876, 287-288; 1861, 287-288; 1801, 8.

Quaritch. Cat. 239, 586; cat. 285, 759; cat. 327, 1823; Rough List, 149, 16; Rough List, 151, 14.

Roth. Nuremberg. Allg. Litz. 1761. Intelli   433.

Liége.

Bibl. de l'Université. (Un Coran.)

Lille.

Douai, **26**, 111.

Lindesiana (Bibliotheca).

1887.

Lisbonne.

Migne, Dict. d. man., **2**, 1459.

Liverpool.

Ferme, 111

Londres.

Brit. Museum. Anc. cat., 53-54; 77; 80; 81; 82; 83; 354; 367-370; 380, 1 et 2; 388; 530; 534; 535; 536; 657; 717-718. (Coufiques, 60 et 370.) Rieu, sup d., 37-40 et 821.

India Office. Loth, 1-226.

Lund.

Trois manuscrits décrits par Tegner, n° 107, 556.

Tornberg, Suppl. 1853, 6.

Lyon.

Depart., **30**, 7 et 471. (Mais non 516.)

Mâcon.

Depart., **5**, 358

Madrid.

H. Derenbourg. Notes critiques sur les manuscrits arabes de la Bibl. nation. de Madrid, 1904, 6.

Voir Tétouan.

Marseille.

Départ., **15**, 437-443 et 454-458.

Marsigli.

Von Bologne.

Metz.

Bibliographe moderne, 1603, 407.

Middlehill.

Migne, Dict. d. man., **2**, 174.

Montpellier.

Départ., coll. in-4°, **1**, 441-442.

Morgenländ. Gesellschaft.

Von Halle.

Mortillaro.

Von n° 128, s. v.

Moulins.

Départ., **3**, 187.

Munich.

Aumer, 1-13, 56-62 et 350.

Nancy.

Départ., **4**, 146.

Nantes.

Départ., **22**, 27.

Nevers

Départ., **24**, 523.

Nuremberg.

V. Murr, Memorab. bibl., **1**, 412 et 416; **2**, 168-169, 171, 172, 173, Ch. Kiel.

Abh. von des Reichskammergerichts Alkoran, von Ch. Freyherrn von Nettelbladt, Dans Mag. f. d. deut. Staats- und Lehenrecht, **1**.

Orientalistes.

Adler, Cat. 1836, 20.

Arnold, List u. Franke, n° 201, 80.

Belin, Cat. 1878, 42.

Caussin, Cat. 1836, 16.

Clerc, Cat. 1888, 21.

Defrémery, Cat. 1884, 11.

Desgranges et Woepcke, Cat. 1865, 68 69.

Fraser, Naamrol van manuscripten, 49.

Flügel, Cat. 1872, n° **1**, 93.

Garcin, Cat. 1870, 206.

Jaubert, Cat. 1847, 27.

Kasimirski, Cat. 1888, 72 et 73.

Lee, Or. Man. purch. in Turkey, 7.

Lotze, Cat. 1876, 218.

Mearsinge, Cat. 1851, 10.

Michaelis, Gött. gel. Anz., 1754, 283.

Millies, Cat. 1870, 30 et 31.

Mohl, Cat. 1876, 182.

Muchlinsky, Cat. Köhler n° 100, 4.

Poole, St-J., Cat. Quaritch 135, 5.

Reinaud, Cat. 1867, 201-202.

de Sacy, Cat. man., 2, n°s 10, 11 : 3, n°s 12, 13, 14, 15, 16, 17, 18 : 4, n°s 21, 22, 23, 26 : 6, n° 34 : 57, n° 331, 2 et 4. (Deux de ces manuscrits sont maintenant à Munich : Aumer, n°s 50 et 54.)

Scheler, voir Pauly.

Schultens, 603 et 605.

Silbernagel, Cat. 1005, 10.

de Slane, Cat. 1878, 65.

Sprenger, 25. (Maintenant à Berlin.)

Thonnelier, 538-539.

Van der Palm, 186.

Vullers, Cat. 1880, 15-16.

Wüstenfeld, Cat. Hiersemann n° 107, 54.

Orléans.

Départ., **12**, 288.

'Oumar.

N° 128, v° Holbem et Niebuhr. — Sprenger, Zeit. d. deut. morg. Ges., **10**, 811. — Bateoûtah, edit. Defrémery, **2**, 10-11. — Behrnauer, Vierzig. Vez., 364.

'Outmâne.

Nöldeke (n° 43), 235 et 238. — Enc. britannica, **16**, 600. — Marcel, Palæogr. arabe, 1828, 7. — Vollers, man. Leipz., 211. — N° 64. — A. Bel, Histoire des Ben 'abd el-wâd, 1904, **1**, 153, note 2.

Oxford.

Nicoll-Pusey 60-70 et 507-500; 395, 397, 406 et 486.

Paris.

Cat. de Slane. Coufiques : 88-117 et 12° (Par Amari, 715, Voir Derenbourg, ci-dessous, 7). Autres : 117-137, 168, 200 et 710-717.

Bibliographe moderne, **10**, 213-216.

H. Derenbourg. Manuscrits arabes de la collection Scheler à la Bibliothèque nationale, 7. (J. d. savants, 1901, 180-181.)

De Sacy. Notice d'un Manuscrit Arabe de l'Alcoran accompagné de Notes critiques et de Variantes. Mss. Ar. de la Bibl. imp. n° 189. Dans Not. et extraits, **11**, 1, 76-11.

Parme.

Blume, Iter italicum, **4**, 194.

Petzholdt, Anzeiger, 1865, 217.

(Paciaudi.) Ad praeclarissimum Alcorani cod. regiæ Bibl. Parmensis Prologus. Parma, 1774. In-8.

Poitiers.

Départ., **25**, 2.

Quimper.

Départ., **22**, 438.

Rennes.

Départ., **24**, 46 et 47.

Rochefort sur Mer.

Départ., **21**, 239.

Rome.

Vatican. Script. vet. nova collect... edita ab A. Maio, **4**, 2, 389-410 (386-404 analyse du Coran), 418, 495, 497, 520, 531, 545, 550, 557, 603-605, 53, 955.

Rouen.

Départ., **1**, 442, 443, 444.

Saint-Dié.

Départ., coll. in-4°, **3**, 502.

Saint-Gall.

Statsbibliothek. Verzeichniss par Scherrer, 446 et 505.

Saint-Germain en Laye.

Départ., **9**, 201.

Saint-Pétersbourg.

Cat. des man. et xylographes de la Bibl. imp. de St Pétersbourg, 1-52, 1843.

V. Schnin. Ein Kufischer Koran der Kais. St Petersb. öff. Bibl. Dra-
Samsska, **6**, 66-133. 4 Taf. (Or. Bibl., **6**, 50, n° 1059.)

Baron Rosen. Notices sommaires des manuscrits arabes du Musée asiatique (Coufiques) et 19-20.

Saint-Quentin.

Départ., **3**, 232.

Saumur.

Départ., **20**, 287.

Soissons.

Départ., **3**, 72.

Strasbourg.

Landauer, 23.

Stuttgart.

Voor n° 128, v° Girgull.

Tambach.

Ortenburg'sche Bibl. Serapeum, **3**, 368.

Tétouan.

Cat. de los códices arábigos adquisitos en Tetuan, 1862, 1-7. (Manuscrit à la Bibl. nat. de Madrid.)

Toderini.

Hartmann, Tychsen, **2**, 2, 9-10.

Tre dissertazioni dell' abate Giambattista Toderini veneto, ex-gesuita.
Padova per Nicolo Zanon Bettoni, 1810. In-8. (La première dissertation décrit deux corans très anciens.)

Tübingen.

Wetstein, n° 147-173.
Ewald, 616.

Utrecht.

Cat. Leide, **5**, 270-271.
Tele, 338-330.

Venise.

Mrone, Dict. des man., **2**, 1416. (Grimani.)
Assemani, Namana, 1787, 16-24.

Versailles.

Depart., **9**, 326 et 328.

Vienne.

Kraut, 1561.
F°pol, **3**, 34-35. Coutiques : 33-38.

Wexio.

Un manuscrit décrit par Tegnér (n° 1071, 4-5.

Wolfenbüttel.

Ebert, 77, 82, 83, 84, 86; fragments 77, 83, 85, 86, 87. (Fable, 88.)
Schonemann, Hundert Merkwürdigkeiten der herzog. Bibl. zu Wolfen-
buttel. (N° 86, Bruchstück eines Kor... in ..thischer Prachtschrift.)

Würzburg.

Pertsch, Cat. de Gotha, **5**, 18.

Facsimilés.

128. Facsimilés de manuscrits du Coran. (¹)

Carsten NIEBUHR. Description de l'Arabie, Amsterdam, 1774. In 4.

Planches IV et V. « L'on voit, dit Niebuhr (84-85) sur la IV et V planche, une feuille copiée d'un *Koran*, qui est écrit sur du parchemin et conservé comme un grand thresor dans la collection de livres faite par l'Académie *Damca d'asiar* à Kahira, parce qu'on croit, que le Calife *Omar* l'a écrit de sa propre main. Mais quand *Omar* ne l'aurait pas écrit, cette feuille est toujours très ancienne et par là-même remarquable. » — Cfr. Rödiger, Abhandlungen de l'Académie de Berlin, 1875, 135.

Descriptio codicum quorundam cuficorum partes Corani exhibentium in Bibliotheca regia Hafniensi et ex iisdem de scriptura cufica Arabum observationes novæ. Præmittitur disquisitio generalis de arte scribendi apud Arabes ex ipsis auctoribus arabicis iisque adhuc meditis sumta. Auctore Jacobo Georgio Christiano ADLER Th. et LL. OO. C. Altonæ, ex officina Eckhardiana, MDCCLXXX. (Hamburgi, apud C. F. Bohn.) In-4, 34, 2 pl.

C. R. Michaelis, Orient. u. exeg. Biblioth., **16**, 1-49. — Hartmann, Eichsen, **2**, 2, 12-19 et 137.

DE SACY. Grammaire arabe, **1**, 1ᵉ et 2ᵉ édit.

Pl. 1. Alphabet arabe-coufique des anciens manuscrits de l'Alcoran. (Cfr. 1ᵉ édit., p. XIII; 2ᵉ, p. XVII.) — Pl. 2. Alphabet arabe africain, gravé d'après

---

(¹) On ne trouvera dans « A. MERX, Documents de paléographie hébraïque et arabe », (Leide, 1894. Fol. 7 planches) qu'une lettre de quittance en arabe, ainsi que des contrats en hebreu et en araméen.

un manuscrit de l'Alcoran. (Chr. p. XIII et p. XVII). — Pl. 3. Coufique. Manuscrit n° 286bis St Germain des Prés (Cor. 35, 45. — Chr. p. XIII p. XVII.). — Pl. 4 a. Arabe africain. N° 289 St Germain des Prés. (Cor. 4, 5. Chr. p. XIII-XIV et p. XVII-XVIII.)

Voyages du Chevalier CHARDIN en Perse... Nouvell' édition, par L. LANGLÈS. Paris. 1811. In-8.

Pl. LXXI et LXXII.

KOPP, Bilder und Schriften der Vorzeit. **2**. 287.

Deux planches donnant la sourate 50, v. 4-6, en caractères coufiques. Cf. Nöldeke (n° 43), 304 et Pertsch, man. Gotha, **1**, 306.

' Bibliothecæ Bodleianæ codicum mss. orient. Catal... A. NICOLL. Oxonii. 1821.

Tab. LIV.

...' Lettre à M. le Chevalier P. O. Brönsted, conseiller d'état, etc. sur quelques médailles cufiques dans le cabinet du Roi de Danemark, récemment trouvées dans l'île de Falster, et sur quelques manuscrits cufiques, par Jac. Chr. LINDBERG. Avec XII planches. Copenhague 1830. In-4. 66.

C. R. de Sacy, Journ. des Savants, 1830, 630-632. — E. R(ödiger). Hall Allg. Litz, 1831, **2**, 214-216. — G. H. A. E(wald). Gött. gel. Anz. 183. 1742-1744. — Bullet. de Férussac, **17**, 175-177.

' OUSELEY. 596-601.

' Opere del barone Vincenzo MORTILLARO. I. Opuscoli di vario genere. 1836.

XX. Lettera al signor Francesco Castagna... un manoscritto del Corano. (Il doit y avoir une planche se rapportant à cet article.)

— SILVESTRE. Paléographie universelle. (1841.)

Après les pages 190-192, consacrées aux écritures arabes, Silvestre donne plusieurs reproductions. Pl. II : N° 1, Coran confisqué envoyé à Charlemagne par Haroûne al-rachide (mais Nöldeke, n° 43, 302) et n° 3, Coran du XIII° ou du XIV° siècle, pris lors de l'expédition de Charles Quint à Tunis. Pl. III : Coran du XVI° siècle. Puis cinq planches, non numérotées, donnant des corans coufiques de la collection Lanci : VIII° siècle, Sourate 2, 80 ; IX° siècle, Sourate 2, 83 ; même siècle, Sourate 25, 95 ; X° siècle, Sourate 11, 100 ; même siècle, Sourate 27, 95.

Cfr. Nöldeke, 301-302 ; Pertsch, man. Gotha, **1**, 395. *Ibidem*, 378.

— Paläographische Beiträge aus den Herzoglichen Sammlungen zu Gotha von D' J. H. MÖLLER. Orientalische Paläographie. H. : I (unique.) Erfurt, Facsimilirt u. gedruckt bei J. J. Uckermann. In-fol. X et 14 planches donnant 31 facsimilés. (1842.)

Cfr. R. Hall, Allg. Litz., 1843, n° 148, 573-575. — Fleischer, Leipz. Repertorium, 1843, n° 21, 333-334. — Petzholdt, Anzeiger, 1844, 56-57. Cfr. le catalogue des man. de Gotha par Möller, 1825, **1**, 1-10 et, surtout, celui de Pertsch, **1**, 370-395.

Möller a remis ce livre en circulation en 1844 avec un nouveau titre. (Petzholdt, 1843, 6, n° 529.)

Le Coran de *Hafis Osman*.

Voir n°° 81 et suiv.

* The Holbein Society's Fac-simile Reprints. The Four Evangelists. Arabic and Latin. With wood-cuts designed by A. Tempesta. (Rome, 1590-1591.) Edited by A. ASPLAND. Manchester-London. 1873. In-4. 135.

Copy of a page in the Koran, believed to be written by caliph 'Omar.

* Palaeographical Society. Facsimiles of ancient Manuscripts. Oriental Series, edited by Will. WRIGHT. 1875-1879. In-fol.

Plate 59. Koran VIIIth century, vellum, kúfic. Plate 61. Koran 1254, vellum, naskhi.— Plate 73. Koran XIIth century, paper, ar. pers.

— A. MÜLLER. Der Islam im Morgen- und Abendland. 1885, **1**.

401. Koranfragment in kufischer Sprache. Wahrscheinlich a. d. 2. Jahrh. d. H. (8 Jahr. n. Chr.) Original im Britischen Museum zu London. (Publications of the Palaeographical Society, Oriental Series.)

402. Facsimile der dritten Seite der Prachtkoranhandschrift in der kgl. Bibliothek zu Berlin : Ms. orient. fol. 36. (Nach dem Original.) Dazu Erläuterungsblatt.

404. Facsimile einer Seite einer Koranhandschrift in der kgl. Bibliothek zu Berlin : Ms. Landberg 822. (Nach dem Original.) Dazu Erläuterungsblatt.

LEBLOIS. Le Koran et la Bible hébraïque. 1887.

4. Titre du Koran. Ctr. 28 et 49. 50. Fragment d'un koran du IIIe siècle de l'Hégire. 52. La Première Soure du Koran.

AHLWARDT, Man. de Berlin, **22.**

Deux fragments du Coran, pl. II, nº 7 et pl. IV, nº 15.

Der Koran. Aus dem Arabischen... übersetzt von Theodor Fr. GRIGULL. Halle, Hendel.

Facsimile einer Koran-Handschrift aus der Stuttgarter Bibliothek. Sure XCIII (ohne Überschrift), Sure XCIV und Sure XCV (Vers 1 u. 2.)

A. ŠEBUNIN. Kuficeskij Koran Chedivskoj Bibliotheki v. Kaire. Dans Zapiss., **14,** 119-154, 2 pl. (1902.)

Or. Bibliog., **16.** 259, nº 5102.

— A. RACINET. L'ornement polychrome. 2e série. Paris, Librairie centrale d'architecture.

Pl. XXXV et XXXVI. (Coran du XIVe ou du XVe siècle, appartenant à M. Firmin-Didot.)

— B. MORITZ. Arabic Palaeography, a collection of Arabic texts from the 1st century of H. till to 1000. (188 planches en héliogravure, gr. in-fol., en portefeuille.) 1904.

L'ouvrage contient 47 planches de textes coufiques, 100 planches en écriture naskhi, dont 15 datant du 1er siècle, 48 planches de reproduction des plus beaux corans du temps des Mameloucs, des trésors de la Bibl. khédiviale du Caire et de quelques corans persans, indiens et turcs. Un volume de texte est en préparation. (Catalogue Geuthner 26, 1607, n° 4837.)

Le Khedive avait commencé sa collection de corans anciens déjà en 1874. (Augsb. Allg. Zeitung, n° 71 du 12 mars 1874, p. 1054; Pertsch, man. Gotha. 4. 376.)

Le Coran de St Pétersbourg.

Voir n° 94. (¹)

(¹) Pour l'ornementation du Coran, on peut voir, par exemple :

RACINET, L'ornement polychrome, 2ᵉ série.

Les explications relatives à la pl. XXXIII.

LE BON, La civilisation des Arabes.

98, Ornements extraits d'un ancien coran du Caire. (Ebers.) — 105, Gardes d'un ancien coran de la Bibliothèque de l'Escurial. (Musée espagnol.) — 107, Dernière page d'un ancien coran de la Bibliothèque de l'Escurial. (Musée Espagnol.) — 477, Inscriptions de la couverture d'un ancien coran. (Ebers.)

QUARITCH'S Facsimiles from Illuminated Manuscripts... A new Series (1866.)

N° 10, Kuran. The ornemental heading of a Sura from a grand Arabic MS. executed in Egypt about 1400.

Éditions orientales.

·120. Textes du Coran imprimés en Orient.

Bareilly.

1283 (1866-1867).
1293 (1876.) Fol. 648. Lith. 2ᵉ édit. (Ellis, **1**, 874.)

Bombay.

1266 (1853.) In-4. 246. Lith. (Ellis, 870.)
S. l. n. d. (1857 ?) In-4. 388. Lith. (Ellis, 871.)
1282 (1865.) Fol. 222. Lith. (Ellis, 871.)
1283 (1867.) In-4. 166. Lith. (Ellis, 872.)
1286 (1869.) In-8. 355. Lith. (Ellis, 872.)
1286 (1869.) In-8. 728. Lith. (Le titre porte la date de 1286, Ellis, 872.
1290. Édité par Amine almadani.
1292 (1875.) In-8. 466. Lith. (Ellis, 873.)
1295 (1879.) In-8. 544. Lith. (Haupt, cat. 8, 60, nᵒ 1013.)
1299 (1882.) Fol. 480. Lith. (Ellis, 875.)
1884 (1301-1302.) In-8. 302. Lith. (Kühn et Klatt, Lit. Blatt, **3**, 230.)
1315 (1897-1898.) In-8. 544. (Haupt, nᵒ 1014.)

Caire.

1286 (1869-1870.) In-8.
1305 (1887-1888.) In-4. 408. (Or. Bibl., **3**, 46, nᵒ 1043.)
1307 (1889-1890.) In-8. 483. Lith. (Or. Bibl., **3**, 290, nᵒ 5171.)
1313 (1895-1896.) In-8. 600. Lith. (Haupt, cat. 6 et 7, 23, nᵒ 1216.)
1317 (1899-1900.) In-4. 320. (Or. Bibl., **13**, 298, nᵒ 5346.)
1319 (1901-1902.) In-8. Lith. par 'Abd al-Hâliq Haqqi. (Or., Bibl., **16**, 261, nᵒ 5150.)
1319. In-8. 416. Lith. (Or. Bibl., **17**, 293, nᵒ 5864.)
1321 (1903-1904.) In-8. 495. Lith. (Haupt, cat. 6 et 7, 23, nᵒ 1217.)
1322 (1904-1905.) In-8. 384. (Haupt, cat. 8, 60, nᵒ 1015.)

Calcutta.

1247 (1831.) In-8. 724. (Ellis, 870.)

1266 (1317-1318) 872. (Or. Bibl., **14**, 180, n° 3206.)

1266., 728. (Or. Bibl., n° 3216.)

Canton.

صلاة المحمديين , كتاب الصلاة . A manual of devotion for the use of the Chinese Muhammadans : consisting of a collection of passages from the Koran, followed by a book of prayers, with rubrics in persian. Edited by Ma-Ko-Tsay, imam of the Tsing-Caing Mosque at Canton, with a prefatory note in chinese. Canton, 1876. In-8. 150. (Ellis, 665.) Le titre chinois est Paoming-tchenn-king. Le livre coûte 7 f. 50 chez Leroux, Paris.

Voir Hartmann, Der islam, Orient., II III, 66-74.

Cawnpore.

1834 (1249-1250.) Zenker, I, 168.

1266 (1870) 482. Lith. (Incomplet. Ellis, 874.)

1882 (1299-1300.) In-8, 428. Lith. Edité par Nawal Kishore. 3° édit. (Kühn et Klatt, I, 357, n° 1007.)

1884 (1301-1302.) In-8. 482. Lith. Nawal Kishore. 3° édit. (Kühn et Klatt, **3**, 251, n° 4017.)

1884. In-8, 264. Lith. Nizami Press. 3° édit. (Kühn.)

Chiraz.

1830? Fol. 210. Lith. (Ellis, 866.)

Constantinople.

كلام شريف , Coran *imprimé* p. le Ministre de l'Instruction publique. 1290 (1803? (Journ. asiat., 1877, **1**, 130, n° 34.)

كلام شريف , Coran tracé de la main de Chekir Zâde et *imprimé* d'ordre impérial, par le Min. de l'Inst. publique. (Journ. asiat., 1877, **1**, 132-133.)

كلام شريف , Coran. édit. lith. L'écriture est de Mostafa Étendi Qâḍyrghali. Petit format. Chiffres des versets en marge. (Journ. asiat., 1880, **2**, 420, n° 35.)

1297 (1881.) In-8. 819 et 4. Lith. (Ellis, 875.)

قرآن مجيد. Coran photographié d'après l'écriture du calligraphe Chéker Zâdeh. Imp. Osmânyeh. 1290. (Journ. asiat., 1885, 1, 248, n° 60, Ch. 231.)

1301 (1884.) In-8, 614. Lith. (Ellis, 875.)

1304 (1886-1887.) 614. (Calvary, cat. 188, 71-72.)

1304. In-8, 819 et 4. (Haupt, cat. 5 et 7, 23, n° 1214.)

1312 (1894-1895.) In-8, 819 et 3. (Gouthner, cat. 26, n° 3724.)

Delhi.

1280 (1863.) In-12, 527, Lith. (Ellis, 871.)

1292 (1875.) Fol. IV, IV et 452. Lith. (Ellis, 873-874.)

1293 (1876.) In-8, 360. Lith. (Ellis, 874.)

1294. In-16, 619. Lith. (Ellis, 874.)

1882 (1299-1300.) In-4, 300. Mujtabâï Press. (Kühn et Klatt, 1, 10, n° 605.

1882. In-8, 360. Lith. Hanifi Press. (Kühn, n° 605 a.)

1882. In-8, 608. Lith. Murtazawi Press. (Kühn, 2, 342, n° 4354.)

1883 (1300-1301.) In-8, 664. Lith. Mujtabâï Press. (Ibidem.)

1307 (1890.) In-12, 539. Lith. (Ellis, 876.)

1892 (1309-1310.) 452. Lith. (Ellis, 876.)

Fez.

— 1310-1813. In-4, 432 et 481. (Or. Bibl., 12, 281, n° 5196.)

1311 (1894.) In-4, 400. (Or. Bibl., 8, 305, n° 5440 et 9, 130, n° 2454.)

S. l. n. d. In-8, 345 et 352. Lith. (Or. Bibl., 9, 130, n° 2455 et Haupt, cat. 8, 66, n° 1017.)

Lucknow.

1830 (?). In-8, 624. (Ellis, 870.)

1270 (1856.) Fol. 1112.

1282 (1865.) In-8, 542. Lith. (Ellis, 871.)

1283 (1866.) Fol. 902. Lith. (Ellis, 871.) Réédition du précédent.

— 1283 (1866.) Fol. X et 942. Lith. (Ellis, 871.) C'est la deuxième édition de Mahboûb 'Ali.

1284 (1867.) In-16, 942. Lith. (Ellis, 872.)

— 1868. In-8, 700. Lith. (Ellis, 872.)

— 1868 (?). In-4, IV et 647. Lith. (Ellis, 872.) Mahboûb 'Ali.

1289 (1870.) Fol. 1112. (Ellis, 872-873.) Mahboûb 'Ali.

— S. l. n. d. (1870.) In-8, 700.

1295-1296 (1878.) In-8. 502. Lith. (Ellis, 874 et Friederici, Bibl. Or., **4**, 45.)

— 1878. In-8. Fragment. Lith. (Ellis, 874.)

1297 (1881.) Fol. x et 942. Lith. (Ellis, 875.) Mahboûb 'Ali.

1882 (1299-1300.) In-8. 956. Lith. Nawal Kishore, 12ᵉ éd. (Friederici, **8**, 51 et Kühn, **1**, 100, nᵒ 694.)

1882. In-4. 960. Lith. 7ᵉ édit. (Friederici et Kühn.)

1883 (1300-1301.) Fol. 1110. Lith. (Les mêmes.)

1883. Fol. 646. Lith. Nawal Kishore, 6ᵉ édit. (Kühn, **2**, 342, nᵒ 4355.)

1883. In-8. 647. Lith. 2ᵉ édit. (Le même.)

1885 (1302-1303.) In-4. 954. Lith. Nawal Kishore. (Kühn, **8**, 231.)

1885. In-4. 956. Lith. 7ᵉ édit. (Le même.)

1885. In-8. 654. 2ᵉ édit. (Le même.)

1885. In-8. 482. Lith. 11ᵉ édit. (Le même.)

1885. In-8. 732. Lith. (Le même.)

1885. Fol. 11 et 942. (Köhler, cat. 509, nᵒ 585.) C'est, sans doute, Mahboûb 'Ali.

1308 (1890-1891.) Fol. 10 et 942. Même observation.

Palembang.

Voir Zeit. d. deut. morg. Ges., **17**, 167 et les articles de Van Dewall et Hoevel qu'il cite.

Serampore.

— 1833 (1248-1249.) Zenker, **1**, 158.

Tabriz.

— 1833 (1248-129.) In-8. Lith. (Zenker, **2**, 85.)

1258 (1842.) In-8. 179. Lith. (Ellis, 899.)

1267 (1870.) In-16. 328. Lith. (Ellis, 873.)

Téhéran.

— 1244 (1828.) Fol. 229 à 12 lignes. (Zenker, **2**, 85 et Krafft, Ms. de Vienne, 157.)

— 1247 (1831-1832.) 229. Lith. (Zenker. — Bull. de Sᵗ Pétersb., 1855, **10**, 199.)

— 1249 (1833-1834.) (Zenker.)

— 1250 (1834-1835.) (Zenker.)
1258 (1842-1843.) (Bull. de St Pétersb.)
1264 (1847-1848.) (Zenker.)

Tellicherry.

· 1882 (1299-1300.) In-4. 366. Lith. (Kühn et Klatt, 1, n° 1508.)
1300 (1883.) In-8. 364. Lith. (Kühn.   Ellis, 875.) (¹)

(¹) On a aussi édité dans l'Inde et en Perse des sections du coran. (Voir Ellis, 800-900.)

TRADUCTIONS

Traductions complètes.

Allemand. [1]

130. — Der Koran. Aus dem Arabischen für die « Bibliothek der Gesamt-Litteratur » neu übersetzt von Theodor Fr. GRIGULL. Mit Vorbemerkung und Index nebst dem Facsimile einer Koranhandschrift. Halle a. d. S. (Druck von Otto Hendel.) Verlag von Otto Hendel. (1901). Pet. in-8. VIII et 512. 2 m. 50. (Bibl. d. Gesamt-Litteratur, n° 1501-1507.)

III-VIII. Vorbemerkung (on corrigera les délectuosités de la mise en page en suivant les chiffres de la pagination.) 1-487. La traduction. 488-504. Anmerkungen. 505-509. Index. 510-512. Inhaltsverzeichniss.

I après le texte de Flügel. « Bei der Übersetzung boten sich zwei Wege : Entweder eine Übersetzung im strengen Sinne des Wortes oder eine Übertragung zu liefern. Der Übersetzer hat letzteren Weg eingeschlagen, um möglichst den eigenartigen orientalischen Stil, überhaupt das Orientalische, zu retten, ohne dabei, wie er hofft, der deutschen Ausdrucksweise allzusehr Zwang angethan zu haben. Die eingeklammerten Worte (z. T. nach Sale : The Coran, eingefügt) stehen nicht im Texte, sondern dienen nur zum besseren Verstandnis. » L'auteur a supprimé les numéros des versets.

[1] Voir aussi Daumer (n° 240), Grimme (n° 243), v. Hammer (n° 244 et s.), Klamroth (n° 250), Rückert (n° 257 et 258) et Sprenger (n° 259.)

131. — Der Koran. Aus dem Arabischen übertragen und mit einer Einleitung versehen von Max HENNING. Leipzig, Druck und Verlag von Philipp Reclam jun. (1901.) Pet. in-8, 611, (1) et 4 pages d'annonces (4 m. (Universal-Bibliothek, n⁰ˢ 4206-4210.)

3, Vorwort, 5-30. Einleitung. (5, Die Araber vor Mohammed, 8, Mohammed, 27, Der Koran, 31, Der Islam.)

L'auteur avait publié un spécimen de sa traduction dans Das freie Wort **1**, 350-351. (« Splitter aus dem Koran. Sure 2, 256 ; 6, 759 ; 19, 36-41 ; 93.)

*****132**. — Der Koran. Aus dem Arabischen wortgetreu neu übersetzt, und mit erläuternden Anmerkungen versehen von D⁰ L. ULLMANN. Crefeld (Bielefeld, Velhagen und Klasing.) 1840. 6 Hefte. Pet. in-8, 35 ¹/₂ f.

Tiré à 4000 exemplaires.

« Was diese Uebersetzung von andern voraushaben wird, ist die genaue Beachtung und Nachweisung alles dessen, was Muhamed aus dem Judenthum entlehnt hat. Das von D⁰ Geiger in seinem gelehrten Werke... in dieser Beziehung Geleistete, wird, als bekannt vorausgesetzt, stets nur kurz angedeutet werden. » (Préface de la première édition.)

Les trois premières éditions ont seules été faites du vivant de l'auteur et la mort l'a empêché d'écrire l'introduction qu'il promettait. L'éditeur a obtenu de Weil (n⁰ˢ 65 et suiv.) qu'il comble cette lacune. Une note de la p. (3) de la 8ᵉ édition dit : « Die vierte, fünfte, sechste, siebente und achte Auflage sind unveränderte Abdrücke der dritten. » Nous pensons d'ailleurs que les deux premières ne diffèrent pas non plus de la troisième.

C. R. v. Hammer, Wiener Jahrbb., **101**, 47-96. — Weil, Heidelb. Jahrbb., 1840, 934-941. — Gosche, Zeit. d. deut. morg. Ges., **17**, 107 (pour la 4ᵉ édit.) Th. N(öldeke), Lit. Ctbl., 1895, 473 (pour la 5ᵉ). — A. Müller (n⁰ 41), 49. — La préface de la deuxième édition cite encore : Israel. Annalen, 1840, n⁰ 41 ; Allgem. Zeit. d. Judenthums, 1841, n⁰ 30 ; Sulamith, 8ᵉ année, **2**, 120 ; Blätter f. Literatur, 1840, n⁰ 46 et 1841, n⁰ 6.

*****133**. — Der Koran... 2ᵉ mit Stereotypen gedr. Auflage. 1842. 35 ¹/₂ f.

134. — Der Koran... Dritte... Bielefeld, Verlag von Velhagen und Klasing. 1853. VIII et 556, plus 4 pages d'annonces.

Cette édition donne les préfaces de la première et de la deuxième édition, une préface pour la troisième et un Nachschrift de l'éditeur. La préface de cette 3ᵉ édit. est datée de 1843. Heinsius, 10, s. v. Koran, l'annonce avec la date de 1844 ; mais l'exemplaire que nous décrivons porte celle de 1853, comme on vient de le voir

135. — Der Koran... Vierte Auflage. Mit Stereotypen... 1857. VIII et 550.

III-VIII : Préface de la 1ʳᵉ édit. : de la troisième : de la quatrième : Suren-Verzeichniss.

> **136.** Der Koran... 1865. VIII. 550.

> **137.** Der Koran... 1872. VIII. 550.

> **138.** Der Koran... 1877. VIII. 550.

> **139.** Der Koran... 1882. VIII. 550. 2 m.

> **140.** Der Koran... 1807. VIII. 550. 2 m.

141. — Der Koran oder Das Gesetz der Moslemen durch Muhammed den Sohn Abdallahs. Auf den Grund der vormaligen Verdeutschung F. C. BOYSEN's von neuem aus dem Arabischen übersetzt, durchaus mit erläuternden Anmerkungen, mit einer historischen Einleitung, auch einem vollständigen Register versehen von Dʳ Samuel Friedrich Günther WAHL, ordentlichem Professor der Philosophie und der Morgenländischen Litteratur auf der Königlichen vereinigten Friedrichs-Universität zu Halle, und auswärtigem Mitgliede der Königlichen Asiatischen Gesellschaft von Grossbritannien und Ireland. Halle, in der Gebauerschen Buchhandlung. 1828. In-8. XCVI, 783 et (1).

III-IV. Vorwort. V-XCIV. Einleitung. XCV-VI. Verzeichniss der Suren. 1-783. Traduction. (784). Druckversehen. En regard de la p. XXI, la généalogie de Mahomet.

C. R. Kn (Kosegarten), Hall. Alg. Litz., 1828, 2, 785-802. — E(wald), Gött. gel. Anz., 1829, 319-320. — Bull. de Férussac, 12, 297. — Ewald, Krit.

Bibl. de Seebode, 1829, **2**, 577-578. — A. Hammer, Wiener Jahrbb., **54**, 72-73. — A. Müller (n° 41), 45, 1.)

Anglais. (²)

142. — The Qur'ân translated by E. H. PALMER. Part I Chapters I to XVI Oxford at the Clarendon Press 1880. (All rights reserved.) In-8. CXVIII, (2) et 268.

VII. Contents. IX-LXXX. Introduction. LXXXI-CXVIII. Abstract of the contents of the Qur'ân. 1-254. The Qur'ân. 255-268. Transliteration of oriental alphabets.

— The Qur'ân... Part II Chapters XVI to CXIV. 1880. X et 362. (Tomes VI et IX des Sacred Books of the East.)

VII-X. Contents. 1-345. The Qur'ân. 347-358. Index. 358-362. Transliteration of or. alphabets.

C. R. G. Percy Badger, Academy, **18**, 433-435 et 452-454. — Athenæum, 1880, **1**, 62-63. — Edinb. Rev., **164**, 358-363. — Nöldeke, Enc. brit., **16**, 605. — A. Müller (n° 41), 46. — Leitner, As. qu. Rev. N. S., **9**, 145-152. — Doutté, L'islam en Algérie en l'an 1900, 141.

*143. — Nouvelle édition. 1900. In-8, 2 vol.

Cat. Geuthner, n° 26, 118.

*144. — The Koran. Translated from the Arabic. With Introduction, Notes and Index. The Suras arranged in Chronological Order. By the Rev. J. M. RODWELL, M. A., Rector of St Ethelburga, Bishopsgate. London and Edinburgh. Williams and Norgate. 1861. Gr. in-8. XXVI et 659. 10 sh. 6 d.

(¹) Pour RLISKI, voir Polybiblion, **26**, 82-83 et Latt. Handweiser f. d. kath. Deutschland, n° 244.

(²) Voir aussi Lane (n°ˢ 251 et 252) Muir (n° 255) et Poole (n° 256).

— 71 —

C. R. Athenaeum, 1862, **1**, 845-847. — Saturday Rev. — Union. — London Rev. — Edinb. Rev. **154**, 357-358. — Journ. asiat., 1863, **2**, 28-29. Noldeke, Gött. gel. Anz., 1862, 1047-1048; Lit. Ctbl., 1865, 473; Enc. brit., **16**, 606. A. Müller (n° 41), 49.

145. — El-Koran; or, The Koran : translated from the Arabic, the suras arranged in chronological order ; with notes and index. By J. M. RODWELL, M. A. of Caiuscollege, Cambridge ; and rector of St Ethelburga, London. Second Revised and Amended Edition. London : (imp. Wyman and Sons) Bernard Quaritch, 15 Piccadilly, 1876. In-8. XXVIII et 562. 12 sh.

IX-XXVI. Préface. XXVII-XXVIII. Contents. L'ordre des sourates est celui de la première édition ; la traduction a été revue avec soin et les index ont été modifiés et augmentés (VII.)

C. R. Westminster Rev., juillet 1876. — Athenaeum, 1881, **1**, 92. — Academy. **18**, 41.

'146. — The Koran commonly called the Alcoran of Mohammed : translated into english immediately from the original arabic, with explanatory Notes, taken from the most approved commentators, to which is prefixed a preliminary Discourse : by George SALE Gent. Nulla falsa doctrina est, quae non aliquid veri permisceat. Augustin Quaest. evang. ., 2 c. 40. London, printed by C. Ackers in St John Street, for J. Willcox at Virgils Head overagainst the New Church in the Strand. MDCCXXXIV. In-4 de 187 et 508 p., plus 12 pages pour la dédicace et la préface et 15 pages pour la table. (¹)

C. R. Baumgarten, Nachrichten v. e. hall. Bibl., **5**, 246-248. — Clodius, Acta erud., 1735. 7-11. — Gelehrte Zeitung, 1734, 777. — J. des sçavans, **91**, 251-252; **103**. 277-279; **111**. 555-556. — J. Litt., **21**, 224. — Bibl. raisonnée,

Sale

(¹) Pour les editions de Sale, voir Lowndes, **3**, 1, 1290 et Ellis, Cat. Brit. Mus., **1**, 888-889.

4. 230-231; **12.** 230-232; **13.** 172-191.— Noldeke, Enc. brit., **16.** 600.
A. Müller (n° 41), 49.— Edinb. Rev., **154.** 357.

On trouvera la table du Discours préliminaire au n° 175.

*147. — London, 1764. In-8, 2 vol.

Lowndes.

*148. — London, 1774.

*149. — Bath, 1795. In-8, 2 vol.

Lowndes, Ellis.

*150. — London, 1801. In-8, 2 vol.

Lowndes, Ellis.

*151. — 1812. In-8, 2 vol.

*152. — London, 1821. In-8, 2 vol. 1050, dont 248 pour le Dis. prélim.

Lowndes.

*153. — London, 1824. In-8, 2 vol.

Zenker, **1.** 172.

*154. — 1824. In-8, 2 vol.

Cat. of the Lib. of the R. As. Society, n° 1334.

*155. — The Holy Koran.... translated from the original Arabic, and with the former translations... compared and revised. Printed for the Koran Society. London, 1826. In-8, 386.

Ellis. Sans le discours préliminaire.

*156. — London, 1836. In-8, 2 vol.

*157. — The Koran translated from the Original Arabic, with explanatory notes and a preliminary discourse by G. SALE. London, 1838. In-8.

158. — Al Koran of M., translated from Arabic into English, with Explanatory Notes and Preliminary discourse, by G. SALE. New edition, with Memoir of the Translator (par R. A. DAVENPORT). London, 1844. In-8. Map and plates.

Athenaeum, 1844, 916.

159. — The Koran translated... translator, London, 1850. In-8.

160. — The Koran, commonly called the Alcoran of Mohammed, translated into English from the German-Arabic: with explanatory notes taken from the most approved commentators, and a preliminary discourse. By George SALE. New ed. with memoir of the Translator. London, 1857. Gr. in-8. 518. 7 1/2 sh.

Zeit. d. deut. morg. Ges., **17**, 167.

161. — Koran translated with notes by G. SALE. With plates. Lond. 1861. Gr. in-8.

162. — The Koran, with notes, preliminary discourse, etc. New edit. London, Tegg, 1867. In-8. 532.

Rev. crit., 1867, **2**, annonces du n° 31.

163. — The Koran... New edition. With Memoir of the Translator... London, Tegg. (1871.) In-8. 520. 7 sh. 6 d.

Polybibl., **6**, 2e partie, 148.

164. — The Koran... New edition. London, Tegg, 1876. In-8. 8 sh. 6 d.

Friederici, Bib. orient., **1**, 64, n° 1274.

165. — The Koran: or, Alcoran of M., with explanatory notes: various readings from Savary's version... and a preliminary discourse... by G. SALE. London, 1876. In-8. XVI, 132 et 516.

Ellis. — Cat. n° 170.

166. — The « Chandos classics. » The Koran ; commonly Called the Alkoran of Mohammed. Translated into English from the Original Arabic. With explanatory notes taken from the most approved commentators. To which is prefixed a preliminary discourse. By George SALE. (Vignette.) London : Frederick Warne and Co. Bedford Street, Strand. New York : Scribner, Welford and Armstrong. (470. Dalziel brothers, Camden Press, N. W.) (1877.) In-8. XV, (1), 145, (1) et 470. 1 sh. 6 d.

Sur la couverture, cette mention : A Verbatim Reprint of the Original Work.

V. To the Reader. XI. Contents (du Préliminary discourse.) XIII. A table of the chapters of the Koran. 1-145. The preliminary discourse. 1-450. Al Koran. 451. An Index of the principal matters contained in the Koran and the notes thereon.

La pagination, comme nous l'avons indiquée *de visu*, ne s'accorde ni avec celle d'Ellis, 1, 889 (X, 470) ni avec celle de l'annonce de l'*Academy*, 11, 450 (640) ni avec celle des annonces du Polybiblion, 21, 130 ou de la Bibl. orient. de Friederici, 2, 63, n° 1176 (489). Y aurait-il plusieurs éditions différentes du Chandos la même année ?

Il y a d'ailleurs des tirages ultérieurs de l'édition que nous décrivons ; tel celui, identique d'ailleurs, dont le titre est un peu différent et qui porte le nom d'un autre imprimeur (470. Printed by Cowan a. Co. Limited. Perth.)

*167. — The Koran commonly called the Alkoran of Mohammed… translated… from the… Arabic. With… notes… To which is prefixed a preliminary discourse. By G. SALE. London Routledge. 1892. In-8. XV et 470. (Sir John Lubbock's « Hundred Books, » n° 22.)

Ellis. Or. Bibliog., 6, 50, n° 1068.

Éditions américaines.

*168. — New Edition. Philadelphia, 1833. In-8. 2 vol.

Quaritch, n° 223, 10.

169. — The Koran ; commonly called the Alcoran of Mohammed ; translated into english immediately from the original arabic by G. SALE. Philadelphia. 1850. In-8.

170. — The Koran... translated into English... with explanatory notes... To which is prefixed a preliminary discourse. By G. SALE. *First edition*, with a memoir of the translator and with various readings and illustrative notes from Savary's version of the Koran. Philadelphia. 1870. In-8. XX et 670.

Ellis, 888, Ctr. n° 165.

171. — The Koran, translated by G. SALE. New York. 1880.

172. — The Koran... from Savary's version. New York. 1891. In-8. 536.

173. — Selections from the Koran of Mohammed ; transl. by G. SALE. (Breviary treasures. Delphic ed.) Jamaica Plains (Mass.) privately printed by H. N. Dole. 1904. III et 211. III.

Or. Bibl., **19**. 269, n° 1873.

———

174. — Der Koran, Oder insgemein so genannte Alcoran des Mohammeds. Unmittelbahr aus dem Arabischen Original in das Englische übersetzt, und mit beygefügten, aus den bewährtesten Commentatoribus genommenen Erklärungs-Noten, Wie auch einer Einleitung versehen Von George SALE. Gent. Nulla falsa doctrina est, quae non aliquid veri permisceat. *Augustin. Quæst. Evang. l. 2 c. 40.* Aufs treulichste wieder ins Teutsche verdollmetschet Von Theodor ARNOLD. Lemgo, Gedruckt und verlegt durch Johann Heinrich Meyer, Hochgräflichen Lippischen privilegirten Hof-Buchdrucker. 1746. In-4. VIII, XXVIII, 232, 603 et (21.)

Le discours préliminaire.

175. — Le discours préliminaire ne figure pas seulement en tête de la plupart des éditions de Sale; il a aussi été reproduit dans d'autres ouvrages ou traduit et publié à part.

Voici la table du contenu, d'après le nº 166, qui est une reproduction littérale de la première édition.

I. Of the Arabs before Mohammed; or, as they express it, in the *Time Ignorance*; their History, Religion, Learning, and Customs. 1.

II. Of the State of Christianity, particularly of the Eastern Churches, and of Judaism, at time of Mohammed's appearance; and of the methods taken by him for the establishing his Religion, and the circumstances which concurred thereto. 25.

III. Of the Korän itself, the Peculiarities of that Book; the manner of its being written and published, and the General Design of it. 44.

IV. Of the Doctrines and positive Precepts of the Korän which relate to Faith and Religious Duties. 54.

V. Of certain Negative Precepts in the Koran. 95.

VI. Of the Institutions of the Korän in Civil Affairs. 103.

VII. Of the Months commanded by the Korän to be kept Sacred; and of the setting apart of Friday for the especial service of God. 114.

VIII. Of the principal Sects among the Mohammedans; and of those who have pretended to Prophecy among the Arabs, in or since the time of Mohammed. 117-145.

Ce discours, que Sale a composé en s'aidant du travail de Pocock (nº 19 IX), a été beaucoup étudié et utilisé. Voir, par exemple, " Porter, Observations sur la religion... des Turcs, édition Bergier, 1770, **2**, 22 et suiv. (Édition de Neuchâtel, 1770, **1**, 98 et 126) — Histoire universelle (traduite de l'anglais), **41**, 560-563, 572-573 et 574. — C'est Sale qui est la source principale des idées de Voltaire sur le mahométisme. (Lanson, Rev. d'hist. littér., **13**, 540)

176. — Le discours préliminaire a été plusieurs fois reproduit dans d'autres ouvrages, à savoir :

L'édition de 1770 de la traduction de Du Ryer.
Pauthier, Livres sacrés (n° 181).
Wherry, A comprehensive Commentary.
Des extraits dans " Banier, Histoire générale des cérémonies religieuses, 3, 314 et suiv.
Voir n° 231 et 251.

177. Traductions publiées à part :

G. SALE, Verhandeling over de historie, stammen, zeden en gewoonten der Arabieren, zo wel vóór als na Mahomet. Uit het Engl. Amsterdam, 1742. In-8, 478.

G. SALE, Observations historiques et critiques sur le Mahométisme ou traduction du discours préliminaire. Genève, 1751, In-8, 510.

Introduction à la lecture du Coran, ou discours préliminaire de la version anglaise de G. SALE, traduction nouvelle de M. Ch. SOLVET, conseiller à la Cour d'appel d'Alger. Alger, Bastide, 1846, In-8, VIII, 358 et 3 tabl. généal.

Les lois morales, religieuses et civiles de Mahomet, extraites du Koran, Traduction de Savary. Tome premier. A Paris, impr. Plon, chez Victor Lecou, libraire, rue du Bouloi, n° 10, 1850, Pet. in-8, (4) et 256. (Nouvelle collection des Moralistes anciens publiés sous la direction de M. Lefèvre.)

Pour le 2° volume, voir n° 221. — Le premier volume comprend uniquement la traduction du Discours de Sale, que Lefèvre a mutilé en retranchant le premier chapitre ainsi que le dernier.

Inledning till Alkoran. Öfversättning. Första Haftet. Första Afdelningen. Stockholm, 1814, In-8,

C'est un extrait critique du Discours de Sale.

Espagnol. [1]

'178. — El Coran : ó Biblia Mahometana, seguido de la biografía de Mahoma. Primera version española, anotada y comentada según los mas distinguidos comentadores del Coran. Por D. Vicente ORTIZ de la Puebla. Barcelona. 1872. Fol. 666, 2. [2]

'179. — El Alcoran traducido fielmente al castellano y anotado, precedito de una introducion explicativa, vida de Mahoma y el Codigo que dicto. Madrid. 1875. In-4.

C'est bien à cette edition, semble-t-il, que se rapporte la note suivante que donne un catalogue de 1876 : « Alcoran, (el) traducido fielmente al español anotado y refutado segun el dogma, la doctrina santa y la moral perfecta de la Santa Religion Católica, Apostólica, Romana : por Benigno de MURGUIUNDO y Ugartondo, doctor en Jurisprudencia. In-4.

Français.

'150. — L'Alkoran ! Le livre par excellence, traduction textuelle de l'arabe faite par FATMA-ZAÏDA, Djarié Odalyk-Doul den Bénjamin-Aly Effendi-Agha. Lisbonne. 1861. In-8, 483 et VIII.

« A compilation of passages of the Koran, of Traditions, and of ideas peculiar to Fatma-Zaïda. » (Ellis, 1, 891.)

---

(1) Voir aussi le nº 204.

(2) Il y a une version plus ancienne, mais qui n'a pas été achevée. « En 1844, dit Hildago. 1, 35, empezó á publicarse otra traduccion del Al Koran, hecha por D. Andres BORREGO. No se imprimieron mas que los primeros pliegos. »

181. — Les livres sacrés de l'Orient : comprenant : le Chou-King, ou le livre par excellence ; les Sse-Chou, ou les quatre livres moraux de Confucius et de ses disciples ; les Lois de Manou, premier législateur de l'Inde ; le Koran de Mahomet. Traduits ou revus et publiés par G. PAUTHIER. Paris (imp. Didot), Firmin-Didot, rue Jacob, 56 et chez Desrez, rue Neuve-des-petits-Champs, n° 50. 1840. Gr. in-8, 50 feuilles ¼, 10 f. (Panthéon littéraire.)

561. Civilisation musulmane. Observations historiques et critiques sur le Mahométisme. Traduites de l'anglais, de G. SALE. (403-538 ; table, 758.)

Le Koran, traduction nouvelle faite sur le texte arabe par M. KASIMIRSKI, (539-746 ; table, 759.)

747-752. Le Borda, poème à la louange de Mahomet, traduit de l'arabe de Schereddin Elboussiri, par M. le baron Silvestre DE SACY.

Cf. les observations de PAUTHIER, XXIII-XXVI et XXX.

C. R. v. Hammer, Wiener Jahrbb., **101**, 47-66. — B., Berliner Jahrbb. f. wiss. Kritik, 1841, **1**, 333-336. — Ewald, Neue Jenaï. ALZ., 1842, 518-520. Athenaeum, 1842, 655.

Autres comptes-rendus de Kasimirski : Journ. asiat., 1844, **1**, 218-219. Gosche, Zeit. d. deut. morg. Ges., **17**, 167. — Carletti, Idh-har-ul-haqq, p. 442 et 433. — Doutté, L'islam algérien en 1900, 141.

C'est par erreur que Gay, Bibliog. des ouvrages relatifs à l'Afrique et à l'Arabie, affirme que la traduction de Kasimirski a été publiée avec le texte arabe. (p. 251.)

182. — Les livres sacrés de l'Orient... Paris, Société du Panthéon littéraire, rue Laffitte, 40. MDCCCXLII. (Imprimerie de Hennuyer et Turpin.)

Même pagination. Il n'y a probablement de nouveau que le titre.

183. — Nouvelle édition 1843.

Même observation. (Bibliothèque de l'Université de Bruxelles.)

*184. — Les Livres sacrés de toutes les religions, sauf la Bible, traduits ou revus et corrigés, par MM. PAUTHIER et G. BRUNET. Publiés par M. l'abbé MIGNE. Tome premier comprenant : Le Chou-

King... les Tse-Chou... le Koran de Mahomet. Paris, Petit-Montrouge, imprimerie et librairie Migne. 1858. Grand in-8 à 2 colonnes, 764. Prix de l'ouvrage en deux volumes, 15 f.

*185. — Les livres sacrés de l'Orient, comprenant le Chou-King ou le livre par excellence; les Sse-Chou ou les quatre livres de Confucius et de ses disciples; les Lois de Manou, premier législateur de l'Inde; le Koran de Mahomet; traduits ou revus et corrigés par G. PAUTHIER. Paris (imp. Jacob à Orléans) Librairie Herluison. Gr. in-8. XXX et 764. 7 f. 50. (Panthéon littéraire.)

186. Le Koran. Traduction nouvelle faite sur le texte arabe par M. KASIMIRSKI, Interprète de la légation française en Perse; revue et précédée d'une introduction par M. G. PAUTHIER. Paris, (typog. de Firmin Didot) Charpentier, libraire-éditeur, 29, rue de Seine. 1840. Pet. in-8. (IV), XVI et 576. 3 f. 50.

La préface de Pauthier occupe les pages I-XIV. — Le titre de la couverture diffère un peu de celui du livre. •

187. — Le Koran, traduction nouvelle, faite sur le texte arabe, par M. KASIMIRSKI, Interprète de la légation française en Perse; nouvelle édition avec notes, commentaires et préface du traducteur. Paris, (imp. Schneider et Langrand) Charpentier, libraire-éditeur, 29, rue de Seine, 1841. Pet. in-8. (IV), XII et 526. 3 f. 50.

I-II. Préface, III-XIII. Notice biographique sur Mahomet. 1-526. Le Koran.
On peut dire que cette édition est la première que l'auteur avoue réellement. • Il y a deux ans, dit la préface, M. G. Pauthier, en publiant dans le *Panthéon littéraire* la traduction des livres sacrés des Chinois, m'ayant engagé à revoir la traduction du Koran de SAVARY, pour l'insérer dans le volume du *Panthéon littéraire*... En examinant la traduction de Savary, je m'étais aperçu qu'elle avait été faite évidemment sur la version latine de MARACCI, et qu'indépendamment de nombreuses erreurs, elle avait l'inconvénient de ne pas assez accuser la physionomie de l'original, de déguiser souvent, en vue de l'élégance de la phrase, le vague et l'obscurité du texte arabe; ce qui était en grande

partie au lecteur la faculté d'apprécier la nature et le caractère du code sacré des Mahométans. Aussi, au lieu de revoir simplement la traduction de Savary, j'avais entrepris une traduction tout à fait nouvelle sur le texte arabe, m'aidant toutefois des travaux de MARACCI et du traducteur anglais SALE et des secours répandus dans les notes de ces deux ouvrages. Le manuscrit de ma traduction, que je me proposais de revoir ultérieurement, avait passé entre les mains des éditeurs lorsque le gouvernement a bien voulu m'appeler à remplir auprès de l'ambassade de France en Perse les fonctions de drogman. Mon départ, survenu immédiatement après, ne m'a plus permis de revoir ma propre traduction ; et quoique M. Pauthier, avec cette obligeance qui ne fait jamais défaut à ses amis, ait bien voulu revoir les épreuves, il ne pouvait pas, à moins de consulter à chaque verset le texte ou les versions antérieures, introduire ni les changements ni les corrections dont mon travail avait besoin. J'ai reconnu qu'outre quelques fautes de copiste assez graves qui s'étaient glissées dans l'impression, j'étais tombé à mon tour dans beaucoup d'erreurs ; que certains passages n'ont pas été rendus avec assez de fidélité ; que quelques autres, pour être rendus à la lettre, devenaient obscurs ; que d'autres enfin étaient entièrement manqués dans la traduction. C'est donc avec empressement que j'ai saisi, à mon retour de Perse, la proposition que me fit M. Charpentier de revoir ma première traduction et de la corriger, en ajoutant des notes reconnues indispensables pour un grand nombre de passages. Dans cette seconde édition, je me suis attaché à suivre de plus près le texte, de conserver dans la traduction la couleur de l'original, quelquefois même la construction de la phrase arabe... Je crois qu'avec le temps, le plus efficace auxiliaire pour cette sorte de travaux, il me sera possible d'améliorer cette traduction... »

Quant à la notice sur Mahomet, « c'est un résumé succinct et chronologique des principaux événements de la vie de Mahomet. » (15 juillet 1841.)

*188. — Le Koran... Paris (imp. Saurin à Poitiers)... 1844. In-12 de 22 feuilles.

L'édition précédente étant de 22 f. ½, on doit admettre que celle-ci en est la reproduction pure et simple.

*189. — Le Koran... Paris, (imp. Dupré à Poitiers) chez Charpentier, rue de Lille, 17. 1847. In-12 de 22 f. ½.

Même observation.

*190. — Le Koran... 1850.

Nous n'avons trouvé cette édition mentionnée que dans Quérard, Litt. frança se contemp., **5**, et Litter. franç. et étrangère, **4**.

191. — Le Koran... Nouvelle édition entièrement revue et corrigée; augmentée de notes, commentaires et d'un index. Paris, (imp. de M⁰ V⁰ Dondey-Dupré)... 1852. Pet. in-8. (IV). XXXIV, (II) et 533.

I-XXXIV. Notice biographique sur Mahomet (XXXIV : « La notice qu'on vient de lire est un résumé très important de l'ouvrage de M. de Perceval. »)... 525-533. Table des matières.

Sauf ce que pourrait révéler l'examen de l'édition de 1850, si elle existe, on a ici la forme définitive de l'œuvre de Kasimirski. Toutes les éditions subséquentes contiennent la biographie détaillée et l'index. Vraisemblablement plus d'une ne diffère de la précédente que par le nom de l'imprimeur; comme ce nom ne figure d'ordinaire qu'à la page du faux-titre et à la dernière page, il est facile à un éditeur peu scrupuleux de fabriquer une nouvelle édition en faisant réimprimer quelques pages. Impossible donc d'affirmer que chacun des numéros suivants constitue une édition nouvelle; il serait d'ailleurs étonnant qu'une traduction du coran ait assez de vogue en France pour qu'il soit nécessaire de la réimprimer aussi souvent.

L'exemplaire que nous avons examiné appartient à la Bibliothèque de Bruxelles.

192. — Le Koran... Paris, (imp. Simon Raçon et Cⁱᵉ) Charpentier libraire-éditeur, 39, rue de l'Université. 1855. Droits de traduction réservés. Pet. in-8. (IV), XXXIV, (II) et 533. 3 f. 50.

Bibliothèque populaire de Liége.

*193. — Le Koran... Paris (imp. Bourdier)... 1857. XL et 533.

*194. — Le Koran... 1859. XXXVIII et 533.

La différence dans le chiffre des pages provient de la négligence mise par l'éditeur à compter.

*195. — Le Koran... 1862... XXXIV et 539.

*196. — Le Koran... 1863.

Nous n'avons trouvé la mention de cette édition que dans le catalogue 252 de Köhler, p. 26, n° 636.

*197. — Le Koran... 1865... XXXIV et 530.

*198. — Le Koran... 1869.

Édition mentionnée dans le catalogue Lorenz, n° 12, p. 2 et dans un catalogue Loescher.

*199. — Le Koran... Paris, (imp. Viéville et Capiomont) Charpentier et C°, lib.-édit., 28, quai du Louvre. 1873. XXXIV et 537.

Un exemplaire de cette édition, que nous avons vu, n'avait que 533 pages.

*200. — Le Koran de Mahomet... 1876. XXXIV et 537.

*201. — Le Koran, par Mahomet... Paris, (imp. Capiomont et Renault)... 1880. XXXVI et 537.

L'exemplaire de cette édition que nous avons vu n'avait que 533 p. et non 537.

*202. — Le Koran; par Mahomet... 1884. XXXVI et 537.

Kuhn u. Klatt. Literatur-Blatt f. or. Philol., **1**, 357.

*203. — Le Koran; par Mahomet... 1887. XXXIV et 530.

C'est, pensons-nous, la dernière édition publiée du vivant de Kasimirski, dont la bibliothèque a été vendue en 1888.

204. — Mahomet. Le Koran... Paris (imp. Ferdinand Imbert) Bibliothèque Charpentier. Eugène Fasquelle, éditeur. Sans date. (IV), XXXIV et 533.

Cette édition doit être celle à laquelle des catalogues de libraire (p. ex. Geuthner) donnent la date de 1902.

*205. — Al Koran, ó dogmas y doctrinas civiles, morales, políticas y religiosas de los musulmanes, precedido de la vida de Mahoma,

Traducido exactamente del original árabe por M. KASIMIRSKI, intérprete de la embajada francesa en Persia. Version castellana, por D. J. G. de R. Madrid, 1844, imp. de D. Hidalgo, lib. de Cuesta. In-8 may.

Le traducteur est D. José Gerber de ROBLES. Voir Hidalgo, **1**, 35.

206. — Traduction russe de Kasimirski. Moscou, 1880. (¹)

* * *

207. — La traduction de MARCEL.

Une notice de la *Galerie nationale des notabilités contemporaines*, reproduite dans le Catalogue de livres... de feu M. J. J. Marcel... Paris 1856, dit de Marcel que « son portefeuille contenait une foule de travaux ébauchés, et quelques uns presque complets, entre autres... une nouvelle traduction du Koran. » (p. x du Catalogue.) Cfr. n° 254.

208. — La traduction de M. MARDRUS.

On nous a affirmé ... ...s que le Gouvernement français a chargé M. Mardrus de faire une traduction officielle du Coran.

Savary.

209. — Le Coran, Traduit de l'Arabe, accompagné de notes, et précédé d'un abrégé de la vie de Mahomet, tiré des écrivains orientaux les plus estimés. Par M. SAVARY. A Paris, Knapen fils et chez Onfroy. 1783. In-8. 2 vol.

C. R. Schnurrer, 428-429 et xx. — Journ. encyclop., 1783, **2**, 202-214. Esprit des journaux, 12ᵉ année, **4**, 34-46. D'après le Mercure et le J. encyclop.).
Biog. de Michaud, 500-510 (Audiffret.) N° 187. Souvent utilisé : les textes du n° 4 sont empruntés à Savary ; ses notes, employées dans certaines éditions de Sale, etc.

(¹) Le commentaire de La Beaume (n° 274) est fait sur la traduction de Kasimirski.

210. — Le Coran..... Par M. SAVARY. Tome premier. A Amsterdam, Leide, Rotterdam et Utrecht. Chez les libraires associés. MDCCLXXXVI. Gr. in-12. 288.

Le Coran... Tome second. 504.

1. I-XIV. Préface XV-XVIII. Une page de du Ryer et une page de Savary. 19-236. Abrégé de la vie de Mahomet tiré des meilleurs Auteurs arabes et des traditions authentiques de la Sonna. 236-287. Le Coran (Les quatorze premières sourates.) (288) Table.

2. IV. Titre, etc. 5-406. Le Coran (407)-(500) Tables des Chapitres. (501)-(503). Approbation et Privilège, daté de 1782. (504). Blanc. (¹)

' 211. — Le Coran... Nouvelle édition. Paris. 1798.

On a tiré cette édition sur différents papiers. (Esprit des journaux, 27ᵉ année, 8, 238)

' 212. — Le Coran... Paris (imp. Fain) et à Amsterdam chez G. Dufour. 1821. 2 vol. in-8 ensemble de 43 feuilles.

213. — Le Coran, traduit de l'arabe, avec les notes des plus célèbres commentateurs orientaux; Par SAVARY; Précédé d'une notice sur Mahomet; par M. COLLIN DE PLANCY. Tome premier. Paris (imp. A. Henry) Bureau de Courval et Cⁱᵉ, éditeurs, à la librairie classique, rue des Vieux-Augustins, nº 35; Rapilly, Dondey-Dupré, Mongie aîné, Brissot-Thivars, Peytieux, etc. MDCCCXXVI. In-8. (4), XLII et 350.

Le Coran... Tome second... (4) et 400.

1. I-XLII. La légende de Mahomet. 1 et suiv. le Coran (19 chapitres.)

(¹) Il y a des exemplaires qui portent : Mecque, l'an de l'Hégire 1165. (Catalogue 15 de Josephson à Upsal, nº 225.) C'est, croyons-nous, l'édition du nº 210; l'éditeur aura pensé qu'il suffisait de soustraire 622 de 1786 pour obtenir à peu près l'année de l'hégire.

2. 1 et suiv. Le Coran. 397 et suiv. Table des matières. Tome premier.
Tome second.

214. — Le Coran, Traduit de l'Arabe, accompagné de notes,
précédé d'un abrégé de la vie de Mahomet, tiré des écrivains orientaux
les plus estimés. Par M. SAVARY. Première partie. 2ᵉ édition. Paris
(imp. Tastu.) Schubart et Heideloff, libraires, quai Malaquais, n. 1,
ci-devant Ponthieu et Cⁱᵉ. Leipzig, même maison, sous la raison :
Ponthieu, Michelsen et Cⁱᵉ, Londres, Koller et Cahlmann, 21, Soho-
Square. 1828. In-8. XVI, 160 (Vie de Mahomet) et 254. (Chap. I-XIV.)
... Deuxième partie... IV et 416.

(Faux titre : Suite du Coran...) Exposition de la foi musulmane,
traduite du turc de Mohammed Ben Pir-Ali Elberkevi avec des notes
par M. GARCIN DE TASSY. Suivie du Pend-Nameh, poème de
Saadi, traduit du persan, par le même ; et du Borda, poème à la
louange de Mahomet, traduit de l'arabe, par M. le Baron Sylvestre de
Sacy (et de deux contes extraits de l'Anvari Sohéili) Un système
religieux qui asservit la moitié du monde n'aurait-il donc rien que la
raison pût avouer ? Le Mⁱˢ de Pastoret, *Zoroastre, Confucius et
Mahomet.* Paris Schubart et Heideloff... (VI), X et 166.

215. — Le Coran, Traduit de l'Arabe, avec les notes des plus
célèbres commentateurs orientaux ; Par SAVARY ; précédé de la
Légende de Mahomet : Nouvelle Édition, Augmentée de la Doctrine
et des Devoirs de la Religion Musulmane, ainsi que de l'Eucologe
Musulman ; Traduit de l'Arabe par M. GARCIN DE TASSY, Des
Sociétés Asiatiques de Londres, Paris et Calcutta. L'ouvrage est orné
du portrait de Mahomet. Tome premier. Paris (Imp. Dondey-Dupré
père.) Librairie orientale de Dondey-Dupré père et fils, Imp. Lib. des
Sociét. Asiat. de Londres, Paris et Calcutta, Rue Saint-Louis, nᵒ 46,
et rue Richelieu, nᵒ 47 bis. MDCCCXXIX. In-12. (2), le portrait, (2),
XLII et 350.

.. Tome second... (IV) et 400.

1. I-xxxv. Légende de Mahomet. xxxvI et suiv. Observations de Garcin.
I et suiv. Le Coran (19 chapitres.)

2. 397-400. Table des chapitres des deux volumes.

L'exemplaire que nous avons vu n'avait pas le 3ᵉ volume. (Doctrine, etc.)

216. — Mahomet. Le Koran traduit de l'arabe accompagné de notes précédé d'un abrégé de la vie de Mahomet tiré des écrivains orientaux les plus estimés Par M. SAVARY. Paris (imp. Crété à Corbeil) Garnier frères, libraires-éditeurs 6, rue des Saints-Pères, 6 (1891.) In-18 jésus. x, 533 et (1).

Une suppression dans la préface.

v-x. Préface. 1-112. Vie de Mahomet. 113-530. Le Koran (sur deux colonnes) 531-533. Table. (534) Blanc.

217. — Mahomet... Paris (imp. Hemmerlé)... x, 533 et (3). S. d.

Un catalogue de libraire donne la date de 1898. Y a-t-il donc des exemplaires portant cette date? En tout cas, notre numéro est le numéro précédent, dont on a réimprimé les pages I-x, pour mettre à la page (II) le nom de l'imprimeur Hemmerlé, ainsi que la page 533, qui portait le nom de Crété. On a ajouté 2 pages pour mettre à la p. (535) le nom de Hemmerlé. A la p. x, la date de l'approbation de Cardonne est le 29 avril 1883 au lieu de 1782.

*218. — Il Corano : nuova traduzione italiana dall' arabo, con note dei migliori commentatori orientali; preceduto dalla leggenda di Maometto e dal sommario della religione maomettana. Milano, Giovanni Panzeri tip. edit. 1882. In-16. 526. 4 l. 50.

Cette édition, que nous n'avons pas vue, ne peut être qu'une version de la traduction de Savary. Le *sommario* nous semble emprunté à Du Ryer.

219. — Morale de Mahomet; Ou Recueil des plus pures maximes du Coran. *On ne trouvera dans cet abrégé que des pensées propres à* *élever l'âme, et à rappeler à l'homme ses devoirs envers la Divinité, envers soi-même et envers ses semblables.* Par M. SAVARY. A Constantinople; *Et se trouve à* Paris, chez Lamy, Libraire, Quai des Augustins. MDCCLXXXIV. In-12. (IV) et 91. (Aussi in-18.)

C. R. Journ. encyclop., 1784, **6**, 191-195.

220. — Morale de Mahomet par SAVARY. Dresde 1786. Une gravure.

221. — Les lois morales, religieuses et civiles de Mahomet, extraites du Koran, traduction de SAVARY. Tome second. A Paris, (imp. Plon) chez Victor Lecou, libraire, rue du Bouloi, n° 10. 1850. Pet. in-8. (IV) et **220**.

Ce n'est pas une réédition du n° 219, mais un travail original. Pour le tome premier, voir n° 177.

C. R. Bibliog. cath., **14**, 583.

Grec.

* 222. — Κοράνιον μεταφρασθέν ἐκ τοῦ Ἀραβικοῦ κειμένου ὑπὸ Γ. ΠΕΝΤΑΚΗ... Ἔκδοσις δευτέρα κ. τ. λ. Ἐν Ἀθήναις. 1886. In-8. 480.

La première édition est antérieure à 1881 (Rev. crit., 1881, **2**, 218.)

Hollandais.

* 223. — De Koran, voorafgegaan door het leven van Mahomed, eene inleiding omtrent de godsdienstgebruiken der Mahomedanen enz. Met ophelderende aanmerkingen en historische aantekeningen van M. Kasimirski, D. L. Ullmann, G. Weil en R. Sale. Bij het Nederlandsch Publiek ingeleid door eene voorrede van S. KEIJZER. Haarlem, J. G. van Brederode. (Rotterdam, Altmann en Roosenburg.) 1860. In-8.

C. R. Land. Gids, 1861, **1**, 616-618.

*224. — De Koran... Sale. Uitgegeven onder toezicht van S. KEIJZER, 2° druck, waaraan toegevoegd een historisch overzicht van de verhouding der Turken tot het overig Europa, naar aanleiding van Freeman's « The Ottoman Power in Europe, its nature, its growth and its decline » door F. A. DE GRAAFF, opgehelderd door 3 in kleuren gedrukte kaartjes. Haarlem, van Brederode. ('s Hage.) 1878. In-8. 6 fl.

A paru en 12 livraisons.

*225. — De Koran... Uitgegeven onder toezicht van S. KEIJZER. 3° druk waaraan is toegevoegd een kort overzicht van de geschiedenis der Turken, voornamelijk in hun verhouding tot het overig Europa door N. JAPIKSE. Rotterdam. Bolle. 1905. In-8. xiv et 739. 3 k. 5 fl. 75.

Or. Bibliog., **19**, 299.
C. R. Dietsche. Warande en Belfort, 1906. n° 5, 527.

*226. — Mahomed's Koran. Gevolgd naar de Fransche vertaling van Kasimirski, de Eng. van Sale, de Hoogd. van Ullmann en de Lat. van Maracci, met bijvoeging van aantekeningen en opshelderingen der voorn. uitleggers, en voorafgegaan van een levensschets van Mahomed, door L. J. A. TOLLENS. Batavia. Lange. 1859. In-8. LXIX et 606. 15 fl.

C. R. °A. Kuenen, Tijdspiegel, 1860, **1**, 101 et suiv. (Profeet of leugen-profeet ?)

Italien (¹).

227. — La *Storia* de BARDI, 1846, contient une traduction du Coran.

228. — Il Corano, versione Italiana del Cav... Vinc. CALZA... con commenti, ed una notizia biografica di Maometto. Bastia, 1847. In-8, xiv et 330.

Ellis, **1**, 894.

Latin (²).

229. — Traduction par PAREAU. (Inédite.)

Dans les manuscrits d'Utrecht. (Catalogue Tiele, 339.)

230. — Traduction par SCHROEDER. (Inédite.)

Conservée à Utrecht. (Catalogue Leide, **5**, 270-271. — Tiele, 339.)

Polonais.

231. — CHODZKO. Koran z arabskiego przeklad polski Jana Murzy Tarak Buczakiego. Poprzedzony zyciorysem Mahometa. z. W. Irvinga. Ed. Jul. Barloszewicza. Warszawa... 1858. In-8, 2 vol.

Le titre complet dans Ellis, **1**, 898. — Emprunts à SALE. — Calendrier arabe-turc.

(¹) Voir aussi nᵒ 218.
(²) Voir aussi nᵒˢ 104, 241 et 248.

Portugais.

• 232. — O Alcorao. Traducçao portugueza cuidadosamente revista. Paris, (imp. Echégut, Le Havre) librairie Belhatte et Cⁱᵉ. 1882. Gr. in-8. 557.

Russe (¹).

• 233. — Traduction du français par Demetrius KANTEMIR; imprimée par ordre de S. M. Tzarienne. Sᵗ Pétersbourg. 1716. Fol.

Dorn, 534-535.

• 234. — Traduction par M. VEREBKINE. Sᵗ Pétersbourg. 1790. In-4.

Du français.

• 235. — Traduction par Gordi SABLOUKOV. Casan. (1877-)1879.

C. R. Zeit. d. deut. morg. Ges., **36**, 307.

• 236. — Nouvelle édition. 1894-1895. In-8. 533. 2 roubles 25.

Or. Bibl., **10**, 273, n° 5317.

Serbe.

• 237. — Traduction publiée à Belgrade, à l'usage des musulmans serbes.

Rev. britannique, 1875. **6**, 243-244.

(¹) Voir aussi n° 206.

Suédois. ([1])

* **238**. — Koran öfwersatt från arabiska originalet, Jemte en Historisk Inledning af Fredrik CRUSENSTOLPE, Konsulat-Sekreterare wid kongl. konsulatet i Marocko. Stockholm. P. A. Norstedt o. Söner. 1843. In-8. v, 158, 783 och 26. 5 r.

* **239**. — Koránen. Ifrån Arabiskan öfversatt af C. J. TORNBERG. Lund. C. W. K. Gleerup. (1872-)1874. In-8. xi et 408.

Au lieu d'introduction, la traduction de NÖLDEKE, das Leben Muhammeds.

C. R. M. Wolff, Zeit. d. deut. morg. Ges., **29**, 670-672. — Prof. C. J. Tornbergs Koranöfversättning granskad af Johan Teodor Nordling. Upsala 1876. Esaias Edquists boktryckeri. In-8. 53. (Upsala Universitetets Årsskrift 1876.)

([1]) Voir aussi Insulander, n⁰ 249.

Extraits.

240. — Mahomed und sein Werk. Eine Sammlung or. Gedichte.
Von G. Fr. DAUMER. Hamburg. Hoffmann und Campe. 1848.
Pet. in-8.

53-124 et 339-347 (notes.) Koranisch offenbarendes und belehrendes
Gottes-und Prophetenwort. Mit Ergänzungen und Bereicherungen aus der
Sunna.

Jolowicz, Polyglotte der or. Poesie, 1856, 371-373, reproduit les nos 2, 6,
11, 25, 33, 41, 44, 59 et 61 ainsi que la p. 241 (sourate 112.)

·241. — Specimina Versionis Corani. Fasc. 1. Auctoribus C. E.
FAHLCRANTZ et G. FAHLCRANTZ. Upsaliæ. 1824. In-4.

·242. — Ch. GILLOTTE. Traité de droit musulman. Bône. 1854.

Comprend des textes du Coran.

243. — Mohammed von Hubert GRIMME. (Voir n° 18.)

Grimme traduit de nombreux passages du Coran. On trouvera aux pages
176-180 du tome second : Verzeichniss der in Band I und II des « Mohammed »
übersetzten Koranstellen.

·244. — YUSUF der Uebersetzer (Jos. von HAMMER). Proben
einer neuen Uebersetzung des Korans in deutschen Reimen.

Dans Neuer deutscher Merkur, 1807, 77 et Prometheus, 1808, n° 4.

C. R. Augusti, Heidelb. Jahrbb., 1810, 34-39.

245. — Die letzten 40 Suren des Korans als eine Probe einer
gereimten Uebersetzung desselben von Joseph von HAMMER.

Dans Fundgruben, **2**, 25-46 et 336-358 ; **3**, 231-261 ; **4**, 68-86
et 100-105.

C. R. Gött. gel. Anz., 1813, 677. — Hall. Alg. Litz. 1814. **2**, 57 et 80. — Jena. Litz., 1819, **4**, 89-90.

*246. — Die fünf und fünfzigste Sura des Korans. (Par v. HAMMER.)

Dans Wiener Zeits. f. Lit. 1834, 101.

247. — Das letzte Viertelhundert (der Suren des Korans.)

Dans v. HAMMER, Lit. Geschichte der Araber, **1**, 398-406. (En vers.)

Jolowicz, Polygl. d. or. Poesie, 1856, 373-374, reproduit les sourates 99, 100, 101, 102, 104 et 109. (¹)

*248. — Corani Suræ secundæ pars prima latine reddita et notis instructa. Præs. Mag. Jonas Fredericus HESSE, LL. orientalium adjunctus ; resp. Carolus Adolphus BLOMQUIST. 1. Upsaliæ. Leffler. 1854. In-8, 16.

*249. — El-Koran's 3dje Sura, v. 1-20. Öfwersättning med Anmärkingar. Akademisk Afhandling... af Gustaf Bernhard INSU-LANDER. Upsala. Leffler. 1857. In-4. 13.

*250. — Die fünfzig ältesten Suren des Korans in gereimter deutscher Uebersetzung von Martin KLAMROTH. Hamburg. Herold's Verlag. 1890. In-8. v et 128. 2 m. 80.

C. R. "Th. Litbl., **29**, 275-276. — T. N., Lit. Ctbl. 1890, 1243. — Westermann's Monatsh., **71**, 863. — Cfr. n° 122.

*251. — Selections from the Kur-an, commonly called in England the Koran ; with an interwoven commentary. Translated from the

---

(¹) On sait que v. Hammer a fait un long compte-rendu des traductions d'Ullmann et de Kasimirski dans les Wiener Jahrbücher, **101**, 47-96.

Arabic, methodically arranged, and illustrated by Notes, chiefly from
Sale's Preliminary Discourse, with corrections and additions. By
E. W. LANE. London. 1843. In-8. 317. 10 sh. 6 d.

C. R. Mohl, Journ. asiat., 1844, **2**, 27. — Athenaeum, 1844, 218-219. —
Enc. britan., **16**, 606. — Edinb. Rev., **154**, 358.

* **252**. — Selections from the Kur-an by Edward William LANE,
Translator of « The Thousand and One Nights ; » etc. A New Edition,
Revised and Enlarged, with an Introduction by Stanley Lane
POOLE. London. Trübner. 1879. In-8. cxii et 173. 9 sh. With
View of Mecca.

C. R. Academy, **16**, 156 et **17**, 173-174 (F. J. Goldsmid.) — ° Englishman,
Calcutta. — ° Times.

L'introduction parle des anciens arabes, de l'origine de l'islamisme, de la vie
de Mahomet et de son enseignement ainsi que de la formation du Coran.

253. — L. LEBLOIS. Le Koran et la Bible hébraïque.

Extraits du Koran. 57-65. Cfr. 294.

254. — Essai D'une traduction en vers d'un fragment du Qorân,
par le citoyen MARCEL.

Dans Mémoires sur l'Egypte... an VIII, 156-161.

Cfr. n° 206.

255. — W. MUIR. The Life of Mahomet. 1861.

Voici, dans l'ordre des sourates, les traductions des passages que donne Muir :
Sourate I : **2**, 50. II : **2**, 185 ; **3**, 45, 48, 74, 78, 191, 289, 290, 309. —
III : **2**, 284-285, 302 ; **3**, 124, 190, 192, 193, 222. — IV : **2**, 286, 288 ; **3**,
225, 291, 293, 308, 309. — V : **3**, 292, 301. — VI : **2**, 325. — VIII : **3**, 97,
101, 124, 125. — IX : **2**, 256 ; **4**, 143, 155, 195-6, 197, 198, 199, 200, 211. —
X : **2**, 227. — XIII : **2**, 267. — XIV : **2**, 226. — XV : **2**, 180. — XVI : **2**,
159, 293, 315. — XIX : **2**, 278. — XX : **2**, 231. — XXI : **2**, 226. — XXII : **2**,
152, 266 ; **3**, 78. — XXIII : **2**, 227. — XXIV : **3**, 249, 309-310. — XXV : **2**,
271, 315. — XXVI : **2**, 113, 184. — XXX : **2**, 224. — XXXIII : **3**, 230, 232,
233, 253, 279, 299. — XXXIV : **1**, cxl. — XXXV : **2**, 157. — XXXIX : **2**, 158 ;

4, 19.— XLI : **2**, 313.— XLII : **2**, 296. XLIII : **2**, 228, 287. XLIV :
2, 315.— XLVI : **2**, 157, 184.— XLVII : **3**, 79, 80. — XLVIII : **4**, 39.
XLIX : **4**, 175. LI : **2**, 180.— LIII : **2**, 76, 152.— LV : **2**, 142. LVI :
2, 144.— LIX : **3**, 215. — LXII : **2**, 144; **3**, 300.— LXIII : **3**, 241.
LXVI : **4**, 163.—LXVII : **2**, 145. LXIX : **2**, 230. LXXII : **2**, 205, 229.
— LXXIII : **2**, 188. LXXIV : **2**, 77. — LXXVII : **2**, 144. LXXVIII : **2**,
141, 144. — LXXX : **2**, 128, 137.—LXXXI : **2**, 139. LXXXIII : **2**, 140.
LXXXIX : **2**, 64. — XC : **2**, 65. XCI : **2**, 63. — XCII : **2**, 63.—
XCIII : **2**, 70. XCIV : **2**, 70.— XCV : **2**, 62. — XCVI : **2**, 74. — XCVII :
2, 137.— XCIX : **2**, 58. — C : **2**, 58.— CI : **2**, 62. CIII : **2**, 58. CIV :
2, 62.— CVI : **2**, 165.— CVIII : **2**, 70.— CIX : **2**, 140. — CX : **2**, 71 : **4**,
256.— CXI : **2**, 80. — CXII : **2**, 75. CXIII : **4**, 81.

* 256. — The Speeches and Table-talk of the Prophet Mohammad,
chosen and translated (from the Koran), with introduction and notes
by Stanley Lane-POOLE. London. Macmillan. 1882. In-8, LXVII et
196. 4 sh. 6 d. (Golden Treasury Series.)

L'exemplaire du Brit. Museum porte « Edinburgh. » (Ellis, **1**, 907.)
C. R. Athenæum, 1882, **2**, 337. Academy, **21**, 265 et **22**, 6.

* 257. — Spécimen du nᵒ 258.

Dans Frauentaschenbuch de 1824. (Œuvres, **12**, 416.)

* 258. — Der Koran, im Auszuge übersetzt, von Friedrich
RÜCKERT, herausgegeben von A. MÜLLER. Frankfurt a. M.
Sauerländer. 1888. In-8.

C. R. " Deutsche Litzt., 1888, nᵒ 42. " E. H., Theol. Litbl., 1889, nᵒ 15.
" Wellhausen, Theol. Litzt., 1889, nᵒ 3. " Karpeles, die Gegenwart, **34**,
nᵒ 45. " R. Otto, Allg. Zeit. 1890, 79, 83, 84, 95. Beil. 67, 70, 71, 80.

259. — Le Koran de SPRENGER.

Dans la préface de sa biographie de Mahomet, XVII-XVIII, Sprenger dit que
son livre est une traduction du Coran (dont il parle surtout **3**, XVIII-LIV.) Au
même tome, 501-509, il donne la table des textes traduits par lui.
A. Müller (nᵒˢ 43), 49, loue ces traductions, non toutefois sans quelque
restriction.

* **260.** — The morality of the East, extracted from the Koran of Mohammed : digested under alphabetical heads. With an introduction and occasional remarks. London, Nicoll. 1766. In-12. 133.

C. R. Journ. d. Sçavans, 1766, **19**, 551-552.— Journ. encyclop., 1766, **3**, 1, 141 et **4**, 2, 146. (A la fin de ce livre la vie de Mahomet, traduite de Mosheim par Maclaine.)

— Reprinted from the edition of 1766, and edited by J. TELA. London. 1818. In-8. 96.

261. — Miniatur-Bibliothek... 633. 10 Pf. Der Koran. Grundzüge der mohammedanischen Lehre. Leipzig (imp. Hoppe à Borsdorf) Verlag für Kunst und Wissenschaft Albert Otto Paul. (1904.) Pet. in-8. 56. 10 pf.

3. Mohammed. 13. Mohammeds Hauptabsichten. 17. Der Koran im Allgemeinen. 22. Die Glaubenslehre des Korans. 38. Die Sittenlehre. 40. Religiöses Zeremonialgesetz. 42. Polizeigesetze. 43. Zivilgesetz. 47. Strafgesetz. 48. Politische Vorschriften. 49. Folgen der Verbreitung der mohammedanischen Lehre. (¹)

(¹) Nombreux sont les livres qui donnent des citations plus ou moins étendues du Coran. Tels sont les suivants, dont on pourrait allonger beaucoup encore la liste :

— ° Gott und der Mensch, in Aussprüchen der Bibel Alten und Neuen Testamentes, des Talmud und des Koran. Von S. BLUMENAU. (Bielefeld, in Kommission bei A. Helmich.) 1876. Gr. in-8. VIII et 272. 6 m.

C. R. Westermann's Monatshefte, **60**, 134.

— ° Die heiligen Propheten. Aufruf für die Befreyung des Griechenlands aus dem Worte Gottes enthoben von Conr. Melchior HIRZEL. 2te durch Beläge a. d. Koran vervollständigte Auflage. Zürich. 1822. In-8.

C. R. ° Allg. Latzt., 1823, nᵒ 17, 136.

— ° The Bibles of other nations : being selections from the scriptures of the Chinese, Hindoos, Persians, Buddhists, Egyptians and Mohammedans. With an introduction to the ethnic scriptures by J. M. HODGSON. To which is added the Teachings of the Twelve Apostles, and selections from the

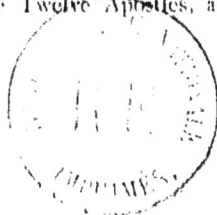

Talmud and apocryphal gospels. Manchester, Brook and Chrystal; Simpkin. 1885. In-8. 252. 3 sh. 6 d.

— LE BON. La civilisation des Arabes, 408-409, 411-413.

— °C. A. LEVI. Versi sacri : versioni dalla Bibbia, dal Vangelo e dal Corano : con una introd. Venezia, tip. dell' Emporio. 1885. In-8. 3 l.

— Magasin pittoresque, 1, 174 et 183.

— MOREL. La morale universelle. L'esprit des orientaux. (Bib. ar., 1, n° 33.)

— ° A. ROMAND. Leçons de morale et de philosophie extraites de l'Ancien testament, de Jésus-Christ, de Confucius, du Koran et des plus célèbres philosophes et moralistes anciens et modernes. Turin, Ermanno Loescher (tip. Bona.) 1879. In-8. xii et 154. 2 l.

— ROSENZWEIG. Vier Worte aus vier Büchern. (Tora, Ps., Ev., Koran.) Dans Fundgruben, 4, 237. (Druckfehler.)

— ° The sacred anthology, a book of ethnical scriptures. Collected and edited by Moncure Daniel CONWAY, Author of « The easthward pilgrimage. » 2d. édition. London. Trübner and Cº. 1874. In-8. viii et 480. (5e édition, 1876.)

Cite 740 passages des livres sacrés ou moraux de tous les peuples.

C. R. A. W. Lit. Ctbl., 1875, 586-587. — Max Müller, Academy, 6, 476-477.

— ° Zschokke. Die biblischen Frauen des Alten Testaments. Fribourg en B. 1882. In-8. viii et 469.

C. R. Polyb., 37, 91-92.— ° Gutberlet, Lit. Rundschau, 15 mars 1883.

Versions orientales.

262. — Traductions du Coran en différentes langues orientales.

Arménien.

Manuscrits de Berlin, **10**, 78, n°˙ 96, 7-164. — Le manuscrit en question est de 1803.

Arvi.

L'arvi est le tamil écrit avec l'alphabet arabe. Voir au mot *Tamil.*

Bengali.

— Traduction par Giris Chandra Sen. Calcutta, 1882-1886. In-8, 3 vol. (Ellis, 886. — Academy, **21**, 265. Kühn, **1**, 105.)

— Traduction par Na'im aldine et Goulâme Sarwar. Karatia, 1891. In-8. (Ellis, 879.)

Gujarati.

— Traduction par 'Abd al Qadar. Bombay, 1295-1296 (1879.) In-4. 797 et 3. Lith. (Ellis, 879.)

Autre édition. Bombay, 1882. In-4. 800. Lith. (Friederici, **8**, 61, n° 1179.)

Hébreu.

— Sur les traductions hébraïques du Moyen-âge, voir Steinschneider, Die heb. Ueb. d. M. A., 854-855, 972, 986 et 1059, v° Koran. [1]

_____

[1] Voir aussi Dukes, Salomo ben Gabirol, 94, note 1. — Jüdische Lit. dans Ersch et Gruber, 432, note 25. — Meisel, Ibn Chisdai Prinz und Derwisch (Bibl. ar., **3**, n° 64), 159, 168 et 199.

— Trad. de Jakob Levi (mort en 1636), Steinschneider, 855 et Fürst, Bibliotheca judaica, **2**, 20-21.

— ʿH. RECKENDORF. Proben einer heb. Uebersetzung des Korän. Leipzig, Gerhard. 1855. In-8. 8.

— Der Korän. Aus dem Arabischen in's Hebraïsche übersetzt und erläutert von Herrm. RECKENDORF, ordentlichem Mitgliede der deutschen morgenländischen Gesellschaft in Halle und Leipzig. Leipzig, 1856-1857. In Commission bei Wolfgang Gerhard. Druck von C. W. Vollrath. In-8. XLVIII et 370. (A paru en 4-5 livraisons.)

C. R. Rödiger, Zeit. d. deut. morg. Ges., **10**, 744.— J. asiat., 1858. **2**, 45.

Introduction : 1. Über Arabien und dessen Bewohner vor Muhammed. 2. Das Leben Muhammed's. 3. Der Korän. 4. Was nahm Muhammed aus dem Judenthum ? 5. Was nahm Muhammed aus dem Christenthum ? 6. Was nahm Muhammed aus dem Heidenthum ? 7. Über die Sunna oder das mündliche Gesetz der Moslemen. 8. Über die vorzüglichsten muhammed. Sekten.

Cfr. Nº 127, vº Halle.

Hindoustani. (¹)

α. — The Coran of Mohammed translated into hindoostanee. Calcutta. 1863. In-4.

Garcin de Tassy, Hist. de la litt. hind., **3**, 380.

β. — Mirza Kazim ʿAli Jawan. Traduction dont l'impression a été commencée à Calcutta en 1804, sous la surveillance du Dr Gilchrist : ce savant en a donné un spécimen dans le tome **3** de ses Primitiæ orientales. (Garcin, **2**, 93.) Houçaïni y a collaboré (Garcin, **1**, 611.)

ʿAbd el qadir. γ. — Muzib-i Curán. Le Coran en arabe, avec une traduction et des notes exégétiques en hindoustani par Maulana Schäh Abd ulcadir de Delhi : ouvrage publié par les soins de Saispid Abd ullah de Suwäna. Calcutta. 1245. (1829) 2 parties in-fol., ensemble de 1, 850, 3 et 3 pages.

C. R. Garcin de Tassy, J. des savants, 1834, 435-443 (cfr. 384) et Histoire, **1**, 76-70 et 81-86. (C'est l'article du J. d. Sav. complété.) — Cfr. Hist., **2**,

(¹) ʿThe Koran in India : an Essay by Lumley Smith. London. 1859. In-8.

Cfr. Van der Lith et Devic, Merveilles de l'Inde, 2-4.

518. — ʼ Asiatic journal, juin 1829. — Bullet. de Férussac, **12**, 149-150. — Ellis, 879.

δ. — Garcin, Chrest. hind. donne la sourate de Joseph. (Garcin, **1**, 79.)

ε. — Hougly. 1829. Fol. 850. (Garcin, **1**, 79.— Zenker, **1**, 168.)

ζ. — Hougly. 1832. (Zenker.)

η. — Édition de Sérampore, annoncée en 1833. (Garcin, **1**, 85.)

θ. — Édition inachevée à Cawnpore. 1834. (Garcin, **1**, 85.)

ι. — The Koran of Moohummud in the original Arabic, with two persian commentaries, the tafsiri Hosseini, by Mullah Hussein Vaëz Kashefi and the tafsiri Abbasi, in the margin and an interlinear hind. translation of the text by Shah Abdalkadir of Delhi. Calcutta. 1837. In-4. 2 vol. (Zenker. — Garcin, **1**, 84.)

κ. — Allahabad. 1844. In-8. ιv et 456. En caractères romains ; publié par la mission presbytérienne américaine (Wilson et Fraser.) Avec une préface et un commentaire anti-mahométans. (Garcin, **1**, 76 et **3**, 380.— Ellis, 893.)

λ. — Lucknow. 1263 (1847.) Fol. 14 et 548. Lith. (Ellis, 880.)

μ. — Bombay. 1270. (1853-1854.) (Bib. or. Sprengeriana, 26.)

ν. — Mirât. 1867 (1283-1284). Avec trad. persane. 693. (Garcin, **1**, 84.)

ξ. — Lucknow. 1286 (1869). In-8. 862.

ο. — Lucknow. 1290 (1873.) Fol. 644. Lith. (Ellis, 880.)

π. — Delhi. 1293 (1876.) In-8. 484. Lith. (Ellis, 880.)

ρ. — The Quran, translated into the Urdu language by Shaikh Abdul Qadir ibn i Shah Wali Ullah... with a preface and introduction in English by... T. P. Hughes... and an index in Urdu by... ʼʼ. W. Wherry. Lodiana. 1876 (1293.) In-8. xxviii. 650. En caractères latins (Ellis, 893.)

τ. — Agra. 1298 (1881.) Fol. 546. Lith. (Ellis, 880.)

ς. — Lahore. 1306 (1889). In-8. (Ellis, 880.)

υ. — Delhi. 1306. Fol. (Ellis, 880.)

φ. — Agra. 1307 (1890.) Fol. Avec Nougoûm al fourqâne (Ellis, 881.)

χ. — Agra. 1307 (1890.) Fol. Lith. (Ellis, 881.)

ψ. — Delhi. 1307 (1890). In-8. 180. (Ellis, 881). Cette version diffère de celle qu'on attribue à ʻAbd al Qâdir.

ω. — Delhi. 1299 (1882). Fol. 800. Lith. Quatre versions : les versions persanes de Saʻdi et de Wali allah ([1]) ; les versions hindoustanies de Rafïʻ et dʼʻAbd al qâdir. (Ellis, 877-878.)

([1]) Wali est le père dʼʻAbd al Qâdir. (Garcin, **1**, 76.) L'orientaliste écossais

αα. — Delhi. 1890. Fol. Version persane de Wali et hindoustanie d'Abd al qâdir. (Ellis, 878.) (¹)

Rafi'.

ββ. — Traduction de Rafi'. Calcutta. **1**. 1254 (1838-1839.) **2**. 1266 (1849-1850.) In-4. (Garcin, **2**, 518-519.)

γγ. — Meerut. (Mirât). 1286 (1869). In-12. 820. Lith. (Ellis, 881.)

δδ. — Cawnpore. 1870. In-8. 860 et 2. Lith. (Ellis, 881-882.)

εε. — Meerut. 1294 (1877.) In-12. 816. Lith. (Ellis, 882.)

ζζ. — Cawnpore. 1296 (1879). In-8. 862. Lith. (Ellis, 882.)

ηη. — Delhi. 1304. (1887.) Fol. 680. Lith. Commentaire. (Ellis. 882.)

θθ. — Meerut. 1889. In-8. 784 et 107. Lith. (Ellis, 882.)

ιι. — Delhi. 1283. (1866.) Fol. 848. Lith. Wali et Rafi'. Commentaire.

κκ. — Meerut. 1284. (1868.) Fol. VI et 636 et 2. Lith. Wali et Rafi'. Commentaire. (Ellis, 877.)

λλ. — Delhi. 1285. (1868.) Fol. II et 664. Lith. Wali, Rafi' et 'Abd al qâdir. (Ellis, 876-877.)

μμ. — Delhi. 1293. (1876). II et 664. Lith. (Ellis, 877.) Autre édition de λλ.

νν. — Meerut. 1296 (1879.) IV et 638. Lith. (Ellis, 877.) Nouvelle édition de λλ.

ξξ. — Meerut. 1299 (1882.) Fol. 848. Lith. Wali et Rafi'. Commentaire. (Ellis, 878.) (²)

Autres traducteurs.

οο. — Lucknow. 1840? Fol. 757. Lith. Par un anonyme. (Ellis, 881.)

ππ. — Hamáyil Qorán. Agra. 1850 et Mirât 1868. (Garcin, **3**, 383.)

ρρ. — Tafsir maqboûl. Calcutta. 1865. (Garcin, **3**, 398.)

σσ. — Aligarh. 1880. In-4. Par Ahmad Hán. (Ellis, 882.)

ττ. — Arrah. 1889. In-8. Par Ibráhim ibn 'abd al 'Ali. (Ellis, 882.)

υυ. — Sialkot. 1890. In-12. Lith. Par Muhammad Firoûz aldine. (Ellis, 883.)

Andrew possédait le manuscrit original de la version de Wali, en deux volumes. (Garcin, **3**, 288.)

(¹) Voir aussi λλ, μμ et νν.

(²) Voir aussi ω.

꿍. — Delhi. 1891. Fol. Lith. Wali et trad. hind. de Abou Muhammad 'Abd al haqq. Commentaire. (Ellis, 878.)

ZZ. — Delhi. 1892. Fol. 656. Lith. Anonyme. (Ellis, 883.)

꿍꿍. — Allahabad. 1894. In-12. 736. Lith. Par Ahmad Housaïn. (Luzac 1895, 20.)

ꝏꝏ. — Lucknow. 1901. 640 et 40. Par Fath Muhammad. Commentaire. (Or. Bibl., **16**, 262, n° 5173.)

zzz. Traduction inédite de 'Ali Bahadour. (Garcin, **1**, 187; cfr. 83.)

꿍꿍꿍. Traduction inédite de Amanat allah Schaida, dont le manuscrit se conserve à la bibliothèque de la Société asiatique de Calcutta. (Garcin, **3**, 102.) [1]

Javanais. [2]

— Manuscrit. (Journ. asiat., 1832, **1**, 257-258.)

— °De Koran. Vert. u. h. Arab. in het Javaansch. Batavia. Lange e. Co. 1858. In-4.

— °S. Keyzer. De twee eerste Soera's van den Javaanschen Koran. 1863. Dans Bijdragen tot de taal... van Ned. Ind. N. R., **6**, 314 et à part.

Macassare.

— °W. M. Donselaar. Bijzonderheden nopens eene vertaling van den Koran in het Makassaarsch. Rotterdam. 1861. In-8. (Extrait.)

---

(1) Il a paru aussi beaucoup d'extraits. Voir Ellis, 903 et 906-907. — Traduction de la 30° section. (Garcin, **1**, 604 et **3**, 397.) Une autre portion. (Garcin, **3**, 386.) Un abrégé du coran. (Garcin, **1**, 162-163.)

C'est par erreur que Long considère le tafsir de Sumbuli comme une traduction du Coran. (Garcin, **3**, 176-177.)

Garcin donne aussi quelques renseignements trop vagues pour qu'on puisse les utiliser. (**3**, 380.)

(2)

— °S. Keyzer. Bijzonderheden nopens, alsmede beoordeling van de bestaande Koranvertaligen op Java. s. Grav. 1863. (Extrait.)

— °P. J. Veth. Iets over de vertalingen des Korans in de talen van den Indischen Archipel.
Dans Tijds. v. Ned. Ind., 1867, **1**, 295.

— °Der Koran in holländisch Indien.
Dans Missionsblatt (Barmen) 1883. **58**, 76-77. 1 fig.

— °D. Gerth van Wijk. De Koranische verhalen in het Maleisch. Batavia. 1893. In-8. (Extrait.)

— B. F. Matthes. Proeve eener Makassaarsche vertaling des Korans, met inleiding door H. C. Millies.

Dans Bijdr. N. R. 1, 89 et à part, 18 p. in-8.

Malais.

Manuscrits. Leide, **5**, 252 et **4**, 40, nᵒˢ 1696.

— Le Coran en malais, cité par Werndly.

C. R. Acta erud., 1740, 42-43.

La première sourate en latin et en malais, par Werndly. Man. de l'Univ. de Leipzig, Vollers, 369.

° Matthes. Essai d'une version du coran en malais.

Dans Bijdragen et à part.

— ° Coran in malayischer Sprache. Mit Vocalisation. Herausgegeben von der österr.-überseeischen Handelsgesellschaft.

Pandjabi.

— Lahore 1288 (1871) et 1297 (1880). Lith. Avec trad. persane. (Ellis, 879; cfr. 903.)

Persan.

— Manuscrits. Berlin. **7**, 412-413 et **21**, 580 (bis.) — Dresde, 2 et 17.— Glasgow, Migne. Dict. des man., **2**, 94 (Coran de Tippou.) — Harleian, nᵒ 5468.— Leide, **4**, 1. nᵒˢ 1610 et 1611. — Lindesiana, 57. — Rosen, Not. sommaires, 19, nᵒ 33.—Uffenbach, 698-699. Vatican, 406 et 648, LI et LV.— Cat. Bianchi, 92.— Cat. de Sacy, 4, nᵒ 23.— Cat. Thonnelier, 539.

— Calcutta. 1831. (1246-1247). 2 vol. (Zenker, **1**, 168.)

— Ispahan. (Zenker, 168.)

— 1258 (1841-1842.) In-8. (Zenker, **2**, 85.)

— Téhéran. 1260 (1844.) In-8. 271. Lith. (Ellis, 883.)

— Téhéran. 1272 (1856.) In-8. 240. Lith. (Ellis, 884.)

— Téhéran. 1279. (Catalogue Gobineau, 13.)

— Bombay. 1279. (1862.) Fol. 432. Lith. (Ellis, 884.)

— Téhéran. 1283 (1866.) In-4. 242. Lith. (Ellis, 884.)

— Téhéran. 1285-1286. (1889.) Fol. 20, 447, 126 et 22. Lith. Par Sadiq Khwânsâri. (Ellis, 884.)

Cawnpore. 1286. In-8. 570. Lith. par Wali. (Ellis, 885.)

Tabriz. 1287. (Gobineau, 13.)

Bombay. 1297. (1880). Fol. 968. Lith. Par.Wali. (Ellis, 885.)

Bombay. 1303-1307. (1886-1889.) Fol. 968. Lith. Réédition du n° précédent. (Ellis, 885.)

Voir v° *Hindoustani*, v, ω, xx, u, xx, λλ, pp. w, ξξ, ψψ et v° *Pandjabi*.

Traduction turque de Wali. Voir v° Turc.

Pouchtou.

Sourates traduites en pouchtou. (Ellis, 903.)

Sanscrit.

Quran sharif. The holy Korán. Published by the Razzagi Press. Foolscap Folio. pp. 616. In Sanskrit. Lithographed. Cawnpore. 1897. 2 sh.

Luzac's oriental List, July-August. 1898, 193.

Sindi.

Bombay. 1293. (1877.) In-8. 800 et 2. Lith. Par 'Aziz Allah Mouta'alliwi. (Ellis, 885.)

Bombay. 1901. Fol. 538. Par Muhammad Siddîq. (Or. Bibl., 16, 262, n° 5172.)

Tamil.

ANON. Handbook of the public Libraries of Manchester and Salford. 73. Lancashire indep. College. A part of the Koran written on leaves in Tamil caracters.

Bombay. 1296-1300 (1879-1884.) Fol. vi et 626. Lith. Par Habib Muhammad al Qâkiri. En arvi. (Ellis, 885.)

Turc.

Manuscrits. Alger, 65, n° 262. — Berlin, 7, 140. — Dresde, 21 et 57. — Leide, 4, 2, n° 1613. — Munich, Aumer, 4. — Vatican, 405. — Vienne, Flügel, 3, 39. — Cat. Desgranges et Woepcke, 68, n° 677.

— Constantinople. 1282. (1885.) In-8. 2 vol. Par Ismâ'îl Farrouh Efendi. (Ellis, 885.) Avec Commentaire.

— Nouvelle édition. 1286. (1889.) (Ellis, 885.)

— Constantinople. 1296. (1879.) In-8. 604 et 5. Lith. Même traduction. (Ellis, 886.)

— Boûlâq. 1294. (1877.) In-8. 4 vol. Traduction turque de la version persane de Wali par Muhammad Haïr al-dîne. (Ellis, 886.)

SCIENCES CORANIQUES.

263. — TABARÍ'S. Korancommentar. Von O. LOTH.
Dans Zeit. d. deut. morg. Ges., **85**, 589-628.

Voir Brockelmann, **1**, 143. — Nöldeke (n° 43), XXVII. — Un manuscrit au British Museum. (Ancien cat., 370-371.).— On a commencé à le publier au Caire en 1901. (Or. Bibliog., **16**, 262, n° 5161.) L'édition aura 30 volumes : le onzième volume a déjà paru en 1902. (Catalogue Harrassowitz, n° 3888.) — GOLDZIHER a publié dans le Gedenkbuch de Dav. Kaufmann, 103-105. Tabari's Commentar zu Sure 50, 37 (Aus der Hs. der vice-Königl. Bibliothek in Kairo.)

264. — Extrait du Casschaf ou Commentaire de l'imam Abou' Ikasem Djar-Allah Mahmoud ZAMAKHSCHARI (¹), fils d'Omar, sur l'Alcoran. (Préface.— Surate XII, dite de Joseph, 287.)

(¹) Voir Brockelmann, **1**, 290-291. (Edit. Amelang, 173.). — Nöldeke (n° 43), XXVIII.—Flügel, H. Hal., **5**, 179-198.

Manuscrit : Bib. med. Laur. et palat., 461-462.—Lee, 7-8.

Editions : Boûláq, 1281 (1864-1865), in-4, 482 et 499 ; plus le volume de Mouhibb aldîne sur les Sawáhid. In-8, 336. (Ellis, 871.) — Le Caire, 1307 (1890), In-4, 3 vol. (Ellis, 876 et Or. Bibliog., **4**, 185, n° 3930 et 184, n° 3921.) — L'édition du Caire de 1308 a deux vol. in-4 de 739 et 576 p.

Commentaire du commentaire : Man. Glaser, n° 181, 1.

De Slane avait voulu éditer Zamahsari au moins en partie. (J. asiat., 1835, **1**, 494-495.) — Burggraff en avait préparé l'édition ; son manuscrit est à la Bibliothèque de l'Université de Liége. Il avait présenté en 1837 la traduction du commentaire de la douzième sourate à l'Académie de Belgique, qui l'avait favorablement accueillie. (Bulletin de l'Acad., **4**, (1837), 175 et 354-355 ; **13**, 1ʳᵉ partie (1846), 89. Ce travail inédit se trouve aussi à la Bibliothèque de Liége. Cfr. V. Chauvin, Pierre Burggraff, 1884, 12-13.

Dans DE SACY, Anthol. gram. arabe, texte arabe, 119-133;
traduction, 281-300 ; notes, 301-314 et 468-472.

265. — The Qoran ; with the Commentary of the imam Aboo
al-qasim Ma*h*mood bin 'Omar al-ZAMAKHSHARI, entitled « The
Kashshaf 'an *h*aqaiq al-tanzil. » Edited by W. NASSAU LEES,
secretary and member of the board of examiners... etc. etc. etc. and
Mawlawis Khadim *H*OSAIN and 'ABD AL-HAYI, professor and
assistant professor in the Calcutta madrassah. Vol. 1, Calcutta : printed
and published by W. Nassau Lees, London and Edinburgh : Williams
and Norgate. Paris : B. Duprat. Leipzig : F. A. Brockhaus. 1856.
IV et II p. de préface en anglais. (Dans notre exemplaire, pas de titre
anglais pour le 2ᵈ volume.)

الكشاف مع تفسير القرآن **1**, (2), 1-817; 818 blanc ; une note d'un
tiers de page. **2**, 820-1647. (achevé en décembre 1859.)

C. R. Journ. asiat., 1856, **2**, 30-31; 1861, **2**, 22-23; 1863, **2**, 29-30. —
Gosche, Zeit. d. deut. morg. Ges., **11**, 622 et **17**, 167.

266. — Sura Alcorani decima (Jonas) explicatione BEIDHAWII (¹)
ornata.

Dans HENZII, Fragmenta arabica, 105-216; Cfr. IV-VII et 4
(Corrigenda et notanda.) ·

(¹) Voir Brockelmann. **1**, 416-418. (Edit. Amelang, 173.). — Nöldeke
(nᵒ 43), XXVIII. — Flügel, H. Hal., **1**, 469-481; **6**, 391, 566-567 et 599. —
De Sacy, Chresth. arabe, **2**, 57. 63-70, 77-78, 81 et 82 l'a utilisé.
Manuscrits : Brit. Mus., 64-65 et 376. — Leide, **5**, 271. — B. Lindes., 92
et 98. — Murr, Mem. Norimb., **3**, 44-45. — Man. et xylog. de St Pétersb.,
16-17. — Utrecht (Tiele, 339). — Zurich (Froriep, Arab. Bibliothek, 309.) —
Poole (Cat. Quaritch 155, 4.) — De Sacy. (Cat. p. 3, nᵒ 19.) — St Martin.
Cat. 1832, 10. — Thonnelier, 539.

Fragmenta arabica. E codicibus manuscriptis parisinis nunc primum publicis sumptibus edidit D. R. HENZIUS a consil. aul., exegeticæ et II. oo. in cæsarea universitate litteraria, quæ Dorpati constituta est P. P. O. Petropoli MDCCCXXVIII. Litteris academicis. In-8, VIII, 4 et 216 de texte arabe.

C. R. de Sacy, J. d. Savants, 1829, 410-413. — Reinaud, J. asiat., 1829, I, 468-469. — v. Hammer, Wiener, Jahrbb., **54**, 25. — (G. H. A. Ewald), Gott. gel. Anz., 1831, 54-56.

267. — Extrait du Commentaire de BEÏDHAWI sur l'Alcoran. (Surate II, dite La Vache.)

Dans DE SACY, Anthol. gram. arabe (1829), texte arabe, 2-24 ; traduction, 1-36 ; notes, 37-62, 448-450 et VI-VII. (¹)

268. — BEIDHAWII Commentarius in Coranum ex codd. parisiensibus dresdensibus et lipsiensibus edidit indici⸱usque instruxit H. O. FLEISCHER Dr. theol. et philos. et LL. OO. P. O. Lips. Volumen I. Lipsiæ, MDCCCXLVI Sumtibus Friderici Christiani Guilielmi Vogelii. Typis Guill. Vogelii, filii. In-4. (VI) et 642 de texte arabe.

(I). Titre. (III) Dédicace à Reiske. (V). Titre arabe : (... الجوار أنوار التنزيل)

Éditions : Constantinople, 1265. In-8, 710 et 618. (J. asiat., 1869, **2**, 81, n° 2.) Constantinople, 1296 (1878). In-8. 2 vol. En marge, le commentaire al galälaïni. — Le Caire, 1303 (1885.) In-4. 2 vol. 1380 p. (C'est la reproduction textuelle de l'édition de Fleischer, mais sans les index.). — Constantinople 1305 (1887.). In-4. 816. (Ellis, 875 : J. asiat., 1889, **1**, 436 : Or. Bibliog., **4**, 183, n° 3895.) — Le Caire, 1320. 807. (Or. Bibliog., **18**, 312, n° 5971.) Commentaires : Hafâgi. Boûlaq. 1283.(1867.)Fol. 8 vol. 422-| 4,356,307,381, 384,439, 455 et 421. — Saïh Zâdé. Boûlaq. 1263 (1846-1847.) Fol. 4 vol. (Z. d. deut. morg. Ges., **5**, 258.); Constantinople, 1282-1283. Fol. 4 vol ; Constantinople. 1305-1306. Fol. 4 vol en 3. — 'Abdoul-Hakim. Constantinople. 1854. In-4. (Z. d. deut. morg. Ges., **10**, 744 et Sitzungsberichte de Vienne, **9**, 527.)

(¹) Geiger a utilisé le commentaire de Baïdâwi. Voir n° 13, 213.

BEIDHAWII... Volumen II. Lipsiae, MDCCCXLVIII... (IV) et 425 de texte arabe. 40 m. (en 1878.)

(1). Titre. (III) Titre arabe.

C. R. Journ. asiat., 1844, **2**, 521-522 et 1846, **2**, 30-31 (Succès en Russie. — Weil, Heidelb. Jahrbb., 1845, 296-297. — Sitzungsber. de Vienne, **7**, 652. Freytag, Einleitung, 72. — De Goeje, Bibl. geog. arab., **5**, LVIII. - Réédité en Orient (voir la note de la p. 109).

269. — Indices ad Beidhawii Commentarium in Coranum Confecit Dr. Winand FELL Coloniensis. Leipzig, (imp. Drugulin) Verlag von F. C. W. Vogel. 1878. In-4. (II), VI, 71 et (1). 10 m.

(1)-(II) Annonces de Vogel. I. Titre. III Titre arabe. V-VI. Praefatio editoris (Fleischer.) Notamment : subjuncta est tabula eorum locorum, in quibus aliquid corrigendum esse aut ipse adhuc animadverti, aut ab aliis monitus intellexi.

C. R. L. K(rehl), Litcb., 1879, 114-115. — Fleischer, Zeit. d. deut. morg. Ges., **33**, 334 : cfr. **4**, 497.

270. — WRIGHT.

Voir n° 113.

271. — Ur BAIDHAVI, ed. FLEISCHER.

Dans LAGUS, Arabisk Krestomati, 41-44 et 117.

Extrait de la 2ᵉ sourate.

•272. — Chrestomathia Baidawiana. The commentary of El-Baïdâwî on Sura III translated and explained for the use of students of Arabic by D. S. MARGOLIOUTH. London, Luzac a. Co. 1894. In-8. XIV et 216. 12 sh. 6 d.

C. R. °Hirschfeld, J. R. As. Soc., 1895, 222-223. — A. S(ocin), Litcb. 1895, 374-375.

273. — AL-FARRÁ'.

Voir n° 110.

* 274. — Le Koran Analysé d'après la traduction de M. Kasimirski
et les observations de plusieurs autres savants orientalistes, par Jules
LA BEAUME. Paris, (imp. Leprêtre à Dieppe) Librairie Maisonneuve et Cie. In-8. xxiii et 800. 20 f. (Bibliothèque orientale, **4.**)

C. R. Aug. Cherbonneau, Polybib., **23**, 208-212. — Rev. de l'Islam, **2**, 96.
Louis Jourdan, Siècle. (Reproduit au Cat. Maisonneuve 1887, 6-8.)—Doutté,
L'islam algérien en 1900, 141.

* 275. — A comprehensive commentary on the Quran : comprising
Sale's translation and preliminary discourse, with additional notes
and emendations. Together with a complete index to the text, preliminary discourse, and notes, edited by E. M. WHERRY, M. A.
Lodiana. London. Trübner. 1882. In-8. xii et 392. ii. 1884. 407.
iii. 1885. viii et 414. iv. 1886. v et 340. 2 L. 8 sh. (Trübner's oriental
series.)

C. R. Athenæum 1886. **1**, 809 et **2**, 781. — Badger. Academy, **22**, 87-88 ;
30, 124-126 et **32**, 11-13. — ° Bibl. sacra, **40**, 588. — ° Ind. Antiquary, **14**,
208 et **15**, 88. — ° Saturday Rev., mars 1886, 373-374. — ° Old test. Student,
7bre 1885. — ° Fränkel. Deut. Litz., 1886, 947.

---

276. — AIRY. An obscure passage in the Koran (Sourate 54,
commencement.) Athenæum, 1884, **2**, 605. — LYNN, 733. — St.
Lane-POOLE, 770. * Science (Cambridge Mass.) 1885. 30 janv., 102.

277. — Curæ critico-exegeticæ in locum Corani, Sur. xxxi. Quarum
specimen tertium venia ampl. Fac. philos. Upsal. P. P. Mag. Olaus
CARLING, rei rust. prof. reg. ord. et Carol. Magn. LAGERHAMM,
Calm. In audit. Gust. die XV junii MDCCCXXIX. H. A. M. S.
Upsaliæ excudebant Regiæ Academiæ typographi. In-8. 84.

Notre exemplaire (incomplet) commence à la p. 31 (verset 25).

278. — J. DERENBOURG. Le nom de Jésus dans le Koran.

Dans Rev. d. Etudes juives, **18**, 126-128.

79. — A. FISCHER. Eine Qorân-Interpolation.

Dans Or. Studien Nöldeke, 33-55.

Sourate 101, 5-8.

280. — A. FISCHER (¹). Zu Sûra 101.

Dans Zeit. d. deut. morg. Ges., **60**, 371-374.

281. — S. FRÄNKEL. Miscellen zum Koran.

Dans Zeit. d. deut. morg. Ges., **56**, 71-73.

1   e Secle während des Schlafes. 2.   3. Der Sämni. 4. Der Zauber der Fussspur.

282. — Hartwig HIRSCHFELD. Beiträge zur Erklärung des Korân. Leipzig. O. Schulze. 1886. In-8. IV et 100. 2 n. (Morgenländische Forschungen, 9.)

C. R. Goldziher, Litbl. f. or. Philol., **3**, 90   94 . — A. Müller, Theol. Litz., 1887, 278-282. — S. Fränkel, Deut. Litz., 1887, n° 26. — Strack, Theol. Litbl., 1887, n° 26.

283. — A. Müller. Zu Koran 2, 251.

Dans Zeit. d. deut. morg. Ges., **42**, 80 et 320.

Cfr. n° 288.

284. — J. Müller. Die Geschichte des Koran, namentlich die zweifelhafte Aechtheit zweier Suren desselben.

Cité dans Münchener gel. Anz., **31**, 9.

Ce travail est, pensons-nous, resté inédit.

(¹) Voir n° 283.

285. — EB. NESTLE. Geschichtliches zur ersten Sure. (Postellus.)
Dans Zeit. d. deut. morg. Ges., **60**, 244.
A. FISCHER. *Ibidem*, 249-250.

286. — Ad Sacri Hebraeorum Codicis et Alcorani locos, qui de consecratione prophetarum agunt, commentationes, quas ex Decreto Ampl. Consist. Acad. publice examinandas offert H. REUTERDAHL, Phil. Mag. Semin. Doc. Respondente Jac. QUIDING, Blekingo P. 1. D. 10 Mart. 1824. Undæ, Literis Berlingianis, 1824. In-8. (2) et 24. P. II. D. 10 Mart. 1804 (sic). (2) et 25-48.

287. — Lettre de M. le baron Silvestre DE SACY, à M. Garcin de Tassy.
Dans J. asiat. 1829, **2**, 161-170.
Sur le sens de ازلار الكتاب

288. — M. SCHEINER. Bemerkungen zu Korân, 2, 261.
Dans Zeit. d. deut. morg. Ges., **42**, 436-438.
Cf. n° 283.

289. — E. SELL. Muhammadan exegesis of the Quran and traditions.
Dans Brit. and For. Evang. Rev., octobre 1879.

290. — The initial letters of the nineteenth Sûrah of the Qorân. By Dr A. SPRENGER.
Dans J. As. S. Bengal, 1851, 280-281.
Cf. Zeit. d. deut. morg. Ges., **7**, 401 (¹)

(¹) Il serait intéressant de recueillir les passages qui expliquent à l'occasion l'un ou l'autre texte du Coran : p. ex. 2, 57, v. Hammer, Sitzungsb. de Vienne,

291. — Extrait du Poëme intitulé Akila, ou ... خلاصة d'Abou-Mohammed Kasem ben-Ferro; avec le Commentaire d'Ali ben-Abd-alsamad Sakhawi, intitulé ... الهداية. Manuscrit de S. Germain-des-Prés nº 282. Par S. DE SACY.

Dans Mém. de l'Acad. d. Ins., **50**, 419-434.

292. — Notice du Manuscrit Arabe nº 239 de la Bibliothèque impériale, contenant un Traité sur l'orthographe primitive de l'alcoran, intitulé كتاب المقنع par Abou-Amrou Othman ben-Saïd ben-Othman Mokri, c'est-à-dire, Lecteur. Par A. I. Silvestre DE SACY. 1 Planche.

Dans Not. et ext. **8**, 1, 290-332.

Traité de la ponctuation. 306. De ceux d'entre les Tabis qui les premiers ont mis les points dans les Alcorans; des Savans qui ont désapprouvé cet usage; de ceux qui l'ont permis. 307. Du lieu où doivent être placées les motions sur les lettres; du tanwin, placé au-dessus des motions ou à leur suite. 310. Des signes du souceun et du teschdid sur les lettres. 313. Du medda ou matta, c'est-à-dire, signe de prolongation. 314. Du ... djezme et des lettres qui le suivent. 315. Règles à observer par rapport aux lettres prononcées ... ou insérées ... Règles de l'adoucissement du hamza. 319. Des Règles concernant les signes d'union, qui ont lieu avec l'elif-d'union. 322. Règles concernant la ponctuation des lettres omises. 323. Règles concernant la ponctuation des lettres superflues. 325. Manière de s'assurer des lieux où il peut y avoir un hamza dans les mots. 327. Du lam-elif. 328. Extrait du Mokni. Du Chapitre intitulé des élif supprimés et des élif écrits dans les copies primitives. 330.

293. — كتاب ... ou ... تفسير Commentaire sur le poëme nommé Raïyya ou le Moyen de parvenir plus facilement à l'intelligence

7, 738.— **2**, 246, etc. Goldziher, Abhandl. **1**, 179 et suiv.— **7**, 38. Freytag. Ar. Prov., **2**, 498. — **11**, 49. Nöldeke, Wiener Z. f. d. Kunde d. M., **17**, 91. — **12**, 31. v. Hammer, 826-827.— **18**, 78. Goldziher, **2**, 20.— **26**, 226. Goldziher, **1**, 27. — **35**, 28. v. Hammer, 805 et 825. — **66**, 8, 794-800. — **68**, 18, 731-732.— **9** 6-10, 786, etc.

du Poëme intitulé *Akila*. Par le Scheïkh Alem-eddin Abou' lhasan Ali Ben-Mohammed Schafei. (Ms. Arabe n° 282 des mss. Orientaux de Saint-Germain-des-Prés.) Par A. I. Silvestre DE SACY.

Dans Not. et ext., **8**, 1, 333-354.

294. -- Recueil de différents Traités relatifs à l'Orthographe et à la lecture de l'Alcoran. (Man. Ar. n° 260 de la Bibliothèque impériale.) Par A. I. Silvestre DE SACY.

Dans Not. et ext., **8**, 1, 355-359.

295. -- ... المقرئ كتاب Traité des repos de voix dans la lecture de l'Alcoran. Par Saad-allah fils de Hosaïn Adherbidjani surnommé Sahrisi ; et autre ouvrage sur le même sujet, par Abou'lkasem Schatébi. (Manuscrit Arabe de la Bibliothèque impériale, n° 762.) Par A. I. Silvestre DE SACY.

Dans Not. et ext., **8**, 1, 360-362.

296. -- Notice D'un Traité des pauses dans la Lecture de l'Alcoran. Man. Persan, n° 536, parmi les manuscrits Orientaux de Saint-Germain-des-Prés. Par M. Silvestre DE SACY.

Dans Not. et ext., **9**, 1, 111-116.

297. -- Lesefrüchte. Von Prof. Dr G. FLÜGEL. 2. Zahl der Suren, Verse, Wörter, Sagda, Fatha, Damma, Kasra, Punkte, Hamza und anderer Zeichen im Koran.

Dans Zeit. d. deut. morg. Ges., **10**, 514.

Nachtrag von Prof. Fleischer, 515-516. Errata, 589.

'298. -- Ch. SOLVET. Introduction à la lecture du Coran. Alger, 1846. In-8.

C'est bien ici, semble-t-il, qu'il faut ranger ce livre.

'299. — E. SELL. On 'Ilm-i-Tajwid.

Dans Madras Journal of Literature, **4**.

* 300. — Ilm-i-Tajwid, or the Art of reading the Quran; with an account of the rules for the Rasm-ul-Khat, and a list of the various readings of the last Sura. By the Rev. E. SELL. Madras, E. Keys. 1882. In-8. 47. 2 sh. 6 d.

C. R. — R. M. Church missionary intelligencer, 1884, **11**, 368.

* 301. — Nouvelle édition. 1808. In-8.

Dans Faith of Islam.

Concordances.

* 302. — Concordantiarum Homericarum Specimen cum Prolegomenis in quibus praesertim Concordantiae Biblicae recensentur earumque origo et progressus declarantur. Viris clarissimis Philologis qui nunc in hanc urbem conveniunt summa cum observantia offert Henricus Ernestus BINDSEIL Bibliothecae Regiae Academicae Praefectus secundarius. Halis. Hendel. 1867. Gr. in-8. 4 f., CXXXIII et 22. 20 g.

La VII° section est intitulée : Concordantiae Corani.
C. R. Hoffmann, Petzholdt's Anzeiger, 1868, 124-125.

* 303. — نجوم الفرقان. Par MOUSTAFA IBN MOUHAMMAD. Calcutta. 1811. In-4. VII et 313. (Préface en persan.)

Nouvelle édition. Madras. 1262 (1875.) In-8. 264. Lith. Avec Trad. arabe de la préface et glossaire arabe-hindoustani (Ellis, **1**, 916.) — Autre édition, p. 101, 3. — Autre édition, p. 104, dern. ligne (?)

304. — نجوم الفرقان Concordantiae Corani arabicae. Ad literarum ordinem et verborum radices diligenter disposuit Gustavus FLÜGEL. Editio Stereotypa. Lipsiae, sumtibus et typis Caroli Tauchnitii. 1842. In-4. (2), X, 219 et (1).

C. R. F. W(üstenfeld), Gött. gel. Anz., 1843, 646-648. — De Goeje, J. asiat., 1907, **1**, 544-545.

* 305. — Concordantiæ Corani Arabicæ. Ad literarum ordinem et verborum radices diligenter disposuit Gust. FLÜGEL. Ed. ster. Caroli Tauchnitii. Leipz. L. E. Bredt. 1898. In-4. x et 219. 15 m.

* 306. — ... القرآن كنوز مفتاح. Concordance complète du Coran, contenant tous les mots et les expressions des textes pour guider les Orientalistes dans les recherches sur la religion, sur la législation, sur l'histoire et la littérature de ce livre, disposée dans l'ordre lexique de l'alphabet arabe et renfermant l'indication des clefs ou des mots voulus du Coran, accompagnée de la citation de tous les passages où ils sont employés et qui sont nécessaires dans les recherches et les investigations savantes, par M. Mirza A. KAZEM-BEK, professeur à l'Université de St Pétersbourg. St Pétersbourg, imp. de l'Académie impériale des sciences. 1859. Fol. 343 et XI. 6 thal.

Le titre arabe et la préface persane (1-10) et le texte arabe (333) sont lithographiés ; le titre français et la préface (1-XI) sont imprimés.
Nouvelle édition. (Casan ?) Or. Bibl., **19**, 303, n° 5955.
C. R. Fleischer, Zeit. d. deut. morg. Ges., **17**, 417-419.— Cfr. *ibidem*, **10**, 302.

* 307. — زبدة تزييب . Concordance du Coran, suivie d'un riçâlé indiquant les chapitres publiés à La Mecque ou à Médine, le nombre des versets, des mots et des lettres du Coran. Constantinople. 1284 (1867-1868) 10 piastres.

J. asiat., 1869, **2**, 70.—Voir Brockelmann, **2**, 435.
Nouvelle édition à Casan. 1310 (1892-1893). In-8. 128. (Or. Bibliog., **6**, 255. n° 4827) et, avec un autre titre (خلاصة), au Caire, 1318 (1900-1901). Gr. in-8. 370. (Harrassowitz, 6 m.)

* 308. — القرآن مفتاح . A concordance with a complete glossary of the Quran, by A. SHAH. Benares. 1906. Gr. in-4. 315. (Harrassowitz, 45 m.)

* 309. — ‎رسالة في‎. Par FAÏD-ALLÂH, président de la municipalité de Jérusalem. Baïroût. 1323. (1905-1906.)

C. R. De Goeje, J. asiat., 1907. **1**, 544-545.

310. — Concordances arabes du Coran par M. l'abbé J. B. GLAIRE.

Annoncées en 1830, dans la Préface de la 1ʳᵉ édition de son *Dictionnaire Hébraïque et Chaldaïque*, elles devaient paraître sans retard. (J. des savants, 1831, 123 et J. asiat., 1831, **1**, rapport 34.) La Rev. catholique de Louvain, **40** (1875), 214 annonça de nouveau qu'elles allaient paraître, augmentées d'un lexique arabe-latin et d'un Prodrome signalant et réfutant les erreurs fondamentales du Mahométisme. Tous ces projets n'ont pas eu de suite.

* 311. — J. L. MARTENS. Concordantie op den Koran naar de vertaling van L. J. A. Tollens. Batavia. Bruining. 18. Gr. in-8, 264. 6 fl.

Dictionnaires.

* 312. — Arabisch-Deutsches Handwörterbuch zum Koran und Thier und Mensch vor dem König der Genien von Friedrich DIETERICI. Leipzig, Hinrich's Verlag. 1881. In-8. 176. 5 m. 50.

C. R. Hommel, Jahresb. 1881, 125. — Fränkel. Deut. Litz., 1882, 533. Lit. Ctbl. 1881, 1321. — Athenaeum, 1883, **1**, 15. — Academy, **20**, 109.

* 313. — Arabisch-deutsches.... 2 Aufl. Leipzig. Hinrichs. 1894. In-8. IV et 183. 6 m.

* 314. — GOTTWALDT. Dictionnaire arabe-russe pour le Coran, les sept mou'allaqa et Imroulqaïs. Casan. 1863. Gr. in-8. 507.

* 315. — E. KURZ. Specialwörterbuch zum Qorân. Probeheft, enthaltend die Buchstaben g, h, h. Als Manuscript Gedruckt. Bern. 1898. In-8. II et 20. (N'est pas dans le commerce.)

316. — A dictionary and glossary of the Koran, with copious grammatical References and Explanations of the Text. By John PENRICE, B. A. London. H. S. King and comp. 1873. In-4. VIII et 168.

C. R. Trübner, Amer. and. Or. Rec., 1889-1891, 67. — Academy, **5**, 377 et **6**, 13. (Réponse de Penrice.)

317. — Lexicon linguae arabicae in Coranum, Haririum et vitam Timuri. Auctore Joanne WILLMET. Rotterodami, Apud C. R. Hake. MDCCLXXXIV. In-4. XVI et 824.

Schnurrer, 85-86. — Esp. d. journaux, 14ᵉ année, **6**, 401-402. — Gott. gel. Anz., 1785, 610-616. — Annales lit. de Henke et Bruns, 1786, **1**, 289-292. — Michaelis. Neue orient. Bibl., **1**, 219-224. — Fr. Erdmann. Prodromus ad nov. Lexici Wilmetiani editionem adornandam. Casani. Typis univ. caesareae. 1821. In-4. 31. (Leip. Litz., 1825, 550.) — Hamaker avait fait de son exemplaire une vraie concordance du Coran. (Bibliothecae Hamakerianae pars sive cat. librorum... quorum publica fiet auctio... MDCCCXXXVI... Lugduni Batavorum, 116-117.) — Jac. Amersfoordt. Annotationes ad J. Willmeti Lex. L. Arab. in Coranum. Gr. 4. 206. (Manuscrit conservé à Amsterdam : Cat. de la Ville, **6**, 933. nᵒˢ 181.) — Müller (nᵒ 41). 49.

Il paraît qu'en 1827, Howell et Stewart de Londres en avaient commencé la réimpression. (Journ. gén. de la litt. étrangère, 1827, 219.) [1]

318. — R. DVORÁK. Ein Beitrag zur Frage über die Fremdwörter im Koran. München. Akad. Buchdr. v. F. Straub. 1884. In-8. 36. (Diss. de Leipzig.)

[1] Dictionnaire d'Erpenius. Man. de Leide, **5**, 150. — Ansgarius avait projeté de faire un lexique du Coran. (Moller, Cimbria, **1**, 19.) — De même Wittich. (Alg. Litz., 1790, Intelligenzblatt, 864.)

Nous n'avons pu nous procurer aucun renseignement sur l'ouvrage suivant : Vocabulaire de la langue parlée dans les pays barbaresques coordonné avec le Koran par le Cheikh. Paris. Charles-Lavauzelle. 1890. In-12.

C'est un tirage à part du Zeit. f. Keilschriftforschung, **1**, n° 2, où le titre diffère : Ueber tinûru etc.

319. — Ueber die Fremdwörter im Korän. Von Dʳ Rudolf DVORÁK, Privat-Docent der orientalischen Sprachen an der K. K. böhm. Universität in Prag.

Dans Sitzungsberichte de l'Acad. de Vienne, **109**, 481-562. Et à part, mais sous le même titre, 1885, in-8, 84 p., 1 m. 30.

C. R. Th. N(öldeke), Litcb., 1885, 1452-1453. — Academy, **29**, 242. — Seybold, Wiener Zeit. f. d. Kunde d. Morg., **10**, 360-361.

320. — Ein einleitender Beitrag zum garîb-al-Kur'ân nebst einer Probe aus dem Lexikon des Segestâni. Inaugural-Dissertation zur Erlangung der philosophischen Doctorwürde der hohen philosophischen Fakultät der Universität Jena vorgelegt von Josef FEIL-CHENFELD aus Düsseldorf. Wien, 1892. Druck von Moritz Knöpflmacher. Wien 2 3 Obere Donaustrasse 63 (Productenhof.) In-8, 30.

321. — De vocabulis in antiquis Arabum Carminibus et in Corano peregrinis. Dissertatio inauguralis quam scripsit et consensu et auctoritate amplissimi philosophorum ordinis in alma universitate literarum Viadrina ad veniam docendi rite impetrandam Die IX. Mensis Martii MDCCCLXXX. Publice defendet Sigismundus FRAENKEL, Phil. Dr. Adversariorum partes suscipient M. Gaster, Phil. Dr. E. Schwan, Phil. Dr. Lugduni Batavorum, E. J. Brill. MDCCCLXXX. In-8, 28.

* 322. — Foreign words occurring in the Qorân by A. SPRENGER. Dans J. as. soc. Bengal, 1852, 109-115.

C. R. Zeit. d. deut. morg. Ges., **7**, 602.

323. — Ueber die Bedeutung des edomitischen Wortes « Allûf » in der Bibel und des arabischen Wortes « Ylâf » im Korân. Von Dr A. SPRENGER.

Dans Zeit. d. deut. morg. Ges., **12**, 315-317 et 380.

* 324. — Charles C. TORREY. The commercial-theological terms in the Koran. (Diss. Strasbourg.) Leyden. Brill. 1892. In-8. 51.

* 325. — G. VANSITTART. Derivationes Alcoranicæ in usum suum et arabicis studentium comparatæ cum surarum aliquot indicibus adjectis. Londini. 1826. In-8.

SUPPLÉMENT A SCHNURRER. [1]

Acoluthus. (Schnurrer, 414-415.)

Blaufus, Vermischte Beitrage **1**, 122-128. — Epistola Andreae Acoluthi LL. OO. prof. Vratislaviensis ad F. W. Molanum abbatem Loccumensem. Dans Bib. bremensis nova, **1**, 523-540. — On a continué à estropier son nom : ainsi, Gay, Bibliog. d. ouv. relatifs à l'Afrique et à l'Arabie, l'appelle Oculuth (p. 252.)

Arrivabene (425-426.)

Freytag, Analecta, 17-18.

Augusti (431-432.)

Gött. gel. Anz., 1798, 1792-1797. — Gött. Bib., **4**, n° 6. — Eichhorn, Allg. Bibl. d. bib. Lit., **10**, 806.

Beck (409-410.)

A. erud., 1688, 443-444.

Boysen (431.)

Meninski, Lex., **1**, CXXIX m. — Hirt, Orient. u. exeg. Bibliothek, **6**, 341-353. — Clr. n° 141.

Du Ryer.

Voir plus loin, p. 126.

Froriep (417.)

Journ. encyclop., 1760, **4**, 148-149.

Haller (438-439.)

Gött. gel. Anz., 1770, Zugabe, 766-767. — Esp. d. journaux. **9**, 1, 385-386.

---

[1] On trouvera, dans un autre volume, d'autres suppléments assez nombreux à Schnurrer. Il ne s'agit ici que de compléter les notices que Schnurrer a données.

Hinckelmann (410-412.)

A. erud., 1694, 381-384 et 1738, 612. — Froriep, 91-93 et 94.

Hirt (76.)

Specimen coranicum (Cap. prim., 257-274; cap. sec., 274-341, v. 1-73) dans Institutiones.

Anthol. (77-78.) Coran 47, 48 et 59. Voir Hirt, 5, 219-225.

Jahn (99.)

Voir plus haut, p. 40.

Marracci (412-414.)

A. erud., 1692, 329-337 et 371-381; 1699, 247-256. — Memoria Negroana, 6, § 3. — Froriep, Ar. Bib., 94. — Blaufus, 1, 233-250. — J. asiat., 1883, 1, 380-390. — N° 187. — Ctr. J. des sçavans. 42, 404.

de Rossi (402-404.)

Plus haut, p. 24-25. — J. asiat., 1883, 1, 390. — Merlin, dans Bibl. de Saey, 1, 414. — Schwab, Incunables orientaux, 10-11. — ° Meusel, Lit. bibliog. Mag., 3, 179. — ° Clément, Bibl. curieuse, 1, 141 et suiv.

Schwartz (436-437.)

A. erud., 1711, 329-330.

Schweiggern (427.)

Une édition de 1650. (Catal. Dörling 10, n° 72.)

Turpin (442.)

J. d. sçavans, 1775, 83, 461-462. — Gött. gel. Anz., 1777, 286-288.

Vieyra (441-442.)

Bruns, Annales lit., 1785, 2, 564-565 et 1786, 1, 193-195. — J. encyclop., 1786, 5, 214-223. — Esp. d. journaux, 15° année, 6, 578-379.

Volney (407.)

Gött. gel. Anz., 1797, 590-596.

Von der Hardt (421 et Bibl. arabe, 1, LXI.)

بلاد العرب Arabia graeca In Antiquitatis Honorem pro optimarum literarum luce orbi erudito commendata ab Hermanno VON DER HARDT Acad. Jul. Prof. et Praepos. Mar. Helmstadii. Apud G. W.

Hammium, Acad. Typogr. A. MDCCXIV. Pet. in-8. (16), 56 et 48 (sur prima).

ـْيَش , خُرِّ γράμμα ἐμφανές Scriptum manifestum, cum reveren dissimus ac Illustrissimus S. R. I. Comes Ottingensis Franciscus Ludovicus in Academia Julia a. 1734 mense Januario Alcorani Suram XV quoad linguae et re characterem incomparabili celsi genii exemplo attente ponderasset; cui Lexicon arabico-graecum in hanc Suram adjecit Hermannus VON DER HARDT Helmstadii. In-8.

Wasmuth (56.)

Gram. arab., 79 : la première sourate.

———

° BOYSEN (Praes. Michaelis) Ritualia quaedam Codicis sacri ex Alcorano illustrata. Hal. 1739. In-4.

— ° BUTLER. Horae biblicae : being a connected Series of notes on the Text and Literary History of the Bibles, or Sacred Books of the Jews and Christians; and on the Bibles or Books accounted sacred by the Mahometans, Hindus, Parsees, Chinese and Scandinavians. London. 1797-1807. In-8. 2 vol. et 1 app.

Notes on the Koran, the Zend-Avesta, the Vedas, the Kings and the Edda. Oxford. 1802. In-8.

C. R. Lanjuinais, Mag. encyclop., **8**, 5, 473-481. — Cfr. Grässe, Trésor, 1. 583.

— ° J. H. CALLENBERG. Muhammedicae narrationes de Abrahamo. Arabice. Ex Alcorano excerpsit, atque in usum Scholae suae publicavit J. H. C. Hal. 1729. In-8.

° Erich FALHENIUS. Historiola Corani et fraudum Mahummedis. (1691 ?)

— ° J. H. FATTENBORG. (Praes. Malmström) Specimen Alcorani Arabice et Latine auct. J. H. F. Aboae. 1793. In-4. 2 parties.

— ° Q. D. B. V. Positiones philologicae de Alcorano, quas... praeside Jo. Christoph. WICHMANNSHAUSEN defendet Isr. Traugott GARMANN. Vitembergae. 1708. In-4.

— HASSE. Lectiones Syro-Arabico-Samaritano-Aethiopicae... Regiomonti et Lipsae... 1788. In-8.

Coran, **1, 2**, 15-19, **23**, **81** et **98** (Bruns, 1788, **1**, 411-415.)

- Quo successu Davidicos hymnos imitatus sit Muhammed. Venia Ampliss.

... phil. Upsal. praeside A. SVANBORG, lingu. orient. prof. reg. et ord. Pro
gradu philosophico disserit Henricus LYTH, Stip. reg. gothlandus. In audit.
Gust. maj. die XXXI maji MDCCCVI. H. A. M. S. P. I. Upsaliae, typis
Edmannianis. In-4. (2) et 1-8. P. II (SABELLI) (2) et 9-20. P. III (NERPIN)
(2) et 21-32. P. IV (BOLIN) (4) et 33-36.

W. SCHICKARD. Deus orbus Saracenorum e pseudo-prophetae
Mohammedis Alkurano prolectus et suis armis oppugnatus. Tub. Werlin.
1632. In-4.

D. D. Historiola litteraria Corani, quam cons. ampl. fac. philos. Ups.
exhibent Mag. Jonas SIDRÉN, cohort. praet. reg. primar. a. sacris ordinarius
et Andreas STOLPE, Nericius. In audit. Gust. maj. d. XVI maji MDCCXCII
H. A. M. S. Upsaliae, litteris viduae direct. Johan. Edman. In-4. 11.

Dissertatio de terrae fibis apud Judaeos צ'שרי ם'. Ad illustranda varia
S. S. Loca. In primis Joh. VII, 42. Prima et altera quas, Deo duce et auspice,
praeside Viro plurimum reverendo atque celeberrimo, D. Francisco Burmanno,
S. S. Theologiae Doctore et Professore, Publico Examini subjicit Eme Lucius
VRIEMOET. Auctor. Die 14. Junii, ab hora nona ad undecimam. (Fleuron.)
Trajecti ad Rhenum. apud Guilielmum vande Water. Academiae Typo-
graphum. MDCCXIX. In-4. (4) et 58.

Explication de passages du Coran. 13-15 et 50-54.

Dissertatio exhibens miscellaneorum philologicorum specimen. Quam,
favente Deo, praeside Viro clarissimo, D. Davide Millio, linguarum orientalium
in Academia Trajectina Professore. Publice examinandum sistet Johannes
VRIEMOET. Auctor. Ad diem X. Martii, ab hora nona ad undecimam.
(Fleuron.) Trajecti and Rhenum. Apud Guilielmum vande Water. Academiae
Typographum. MDCCXXIII. In-4. (2). 30 et (2).

Caput IV. Mohammed in Alcorano sacrorum scriptorum simia, 26-30.—
Explication de passages du Coran. 17, 19, 20, 21, 23, 24 et 25.

Quelques années avant 1737. on a imprimé un coran arabe en Angleterre.
Mais le sultan fit jeter tous les exemplaires dans la mer et dédommagea l'auteur
de l'entreprise. C. KUNDMANN, Rariora naturae et artis. Breslau. 1737. 710.

Gotthold WEIL, Zentralblatt f. Bibliotheksw., **24**, 500.

Galland a laissé une traduction du Coran en un manuscrit remis à Bignon.
Mille et une nuits, édit. Testains, Bibl. ar., **4**, n° 236. **1**, XXV.)

« Scaliger cherche en 1579 « un Alcoran imprimé apud Hegendorfium » colonnes, l'une en langue arabique, charactères latins, l'autre est la version latine. » (I. asiat., 1883, **1**, 409.)

Traduction de Lederlin, aidé de Dadichi. (Misc. Gron., **2**, 339.)

Pfeiffer. Voir, ci-dessus, p. 25.

Sike laisse en manuscrit une traduction latine du coran. (Neuer Büchersaal **3**, 811. — J. des sçavans, **53**, 328-329 et **56**, 235.)

Sam. Gott. Wald annonce une édition critique du Coran, avec traduction » notes. (Allg. Litz., 1783, **3**, 380.)

Travaux restés inédits de Levinus Warnerus sur le Coran. (Man. de Leide **5**, 112, n° 2417 ; 118, n° 2444 et 119, n° 2450.)

Traduction latine anonyme (Man. de Berlin, **7**, 111 ; française anonyme (Man. de Paris, 130, n° 468) ; anglaise (Paris, 717, n° 4520.)

Traduction de Du Ryer.

Paris.

*2. — L'Alcoran de Mahomet. Translaté d'Arabe en François, par le Sieur DU RYER, Sieur de la garde Malezair. A Paris chez Antoine de Sommaville. 1647. In-4. 648. ([1])

Bibliothèques de Bordeaux et de Nantes.

*3. — L'Alcoran... Paris. 1649. In-12. 416.

Ellis. — N'est-ce pas le n° 5 ?

*4. — L'Alcoran... Paris. 1651. In-12.

C'est probablement le n° 3.

*5. — L'Alcoran... Paris. 1672. In-12. 486.

Ellis. — C'est l'édition qui se trouve le plus souvent chez les bouquinistes. N'est-ce pas le n° 3. ([2])

([1]) Pour les éditions et les traductions de Du Ryer, voir Schnurrer, 427-428. Sincerus, Nachricht von allerhand... Büchern, **2**, 227-231 et **3**, 6. — Ellis, **1**, 889-890. — Willems, Les Elzévier, 1880.

([2]) L'édition de Paris 1719 que mentionne un catalogue de libraire nous semble être l'édition d'Anvers (n° 7).

Amsterdam,
Louis Elzevier.

z. — L'Alcoran de Mahomet. Translaté d'Arabe en François, par le Sieur DV RYER, Sieur de la Garde Malezair. (Sphère.) Suivant la Copie imprimée A Paris, Chez Antoine de Sommaville. MDCXLIX. Avec Privilège du Roy. (Amsterdam, Elzevier.) In-12. (16), 686 et (5).

(3)-(6) A Monseigneur Monseigneur le Chancelier. (7)-(10). Au lecteur. (11)-(15). Sommaire de la religion des Turcs. 1-686. La traduction. (1). Certificat des Consuls. (2)-(3). Lettre des Consuls. (4)-(5). Sauf-conduit d'Amurat. Bibl. de Louvain. — Willems, les Elzevier, n° 1087.

z. — L'Alcoran de Mahomet... Malezair. (Fleuron.) Jouxte la Copie imprimée à Paris, Chez Antoine de Sommaville, MDCXLIX. Avec Privilège du Roy. In-12. (12). 416 et (4).

(3)-(6). Au lecteur. (7)-(12). Sommaire... 1-416. La traduction. (1) Certificat. (2) Lettre. (3)-(4) Sauf-conduit.
Notre bibliothèque. — Willems, n° 1087, nous apprend que c'est une contrefaçon de J. Jansson.

r. — L'Alcoran... Malezair. (Fleur de lys.) Sur l'Imprimé. A Paris, Chez Anthoine de Sommaville, au Palais, dans la Salle des Merciers, à l'Escu de France. MDCLI. Avec privilège du Roy. In-12. (12), 700 et (8.)

(3)-(5). A Monseigneur. (6)-(7). Au lecteur. (8)-(12). Sommaire. 1-700. Traduction. (1)-(2). Certificat. (3)-(4). Lettre. (5)-(6). Sauf-conduit. (7)-(8). Privilège.
Notre bibliothèque. — C'est une autre contrefaçon. (Où ? Par qui ? D'après z ?)

*9. — L'Alcoran... 1652.

*z. — L'Alcoran... 1672. Avec privilège du Roy. In-12. 6 feuillets liminaires, 486, 2 f. n. ch. et 1 f. blanc.

Reproduction textuelle du n° z, que Willems ne trouve pas inférieure à l'original. (N° 1472 : cfr. n° 1087.)

Amsterdam,
Mortier

z. — L'Alcoran de Mahomet. Traduit de l'Arabe. Par André DU RYER, Sieur de la Garde Malezair. Nouvelle Edition revuë et corrigée. Tome premier. (Fleuron.) A Amsterdam, Chez Pierre Mortier. MDCCXXXIV. Gr. in-12 (18) et 282. 1 grav.

... Tome second. 1 grav. (2) et 288.

(3)-(5) Au lecteur. (6)-(10) Sommaire. (11) Lettre des consuls. (12) Certificat. (13)-(14) Sauf-conduit. (15)-(18) Table des chapitres contenus dans le tome 1. 1-282. Les 19 premiers chapitres du Coran.

Ellis. — Louvain.

*2. — L'Alcoran... Amsterdam... 1746.

Bordeaux. Nantes.

*3. — Amsterdam. 1756. Pet. in-8. 2 vol.

Cat. Baer 32, 39, n° 829.

*4. — L'Alcoran de Mahomet, traduit de l'arabe. Nouvelle édition, augmentée des observations historiques et critiques sur le mahométisme, ou traduction du Discours préliminaire mis à la tête de la version anglaise de l'Alcoran, publiée par G. SALE. Amsterdam et Leipzig. 1770. In-12. 2 vol.

Ellis.

*5. — L'Alcoran... Amst. et Leipzig. 1775. In-12. 2 vol.

Cat. Garcin. 38. n° 387.

Le Haye. — 6. — L'Alcoran de Mahomet. Tradui. d'Arabe en François, Par le Sieur DU RYER, Sieur de la Garde Malezair. (Sphère.) A La Haye, Chez Adrian Moetjens Marchand Libraire prez la Cour, à la Librairie Françoise. MDCLXXXIII. (12). 486 et (4).

(1) Gravure. (3) Titre. (5)-(7) Au lecteur. (8)-(12) Sommaire. 1-486. La traduction. (1) Certificat. (2) Lettre des consuls. (3)-(4) Sauf-conduit.
Ellis. — Notre bibliothèque. — C'est identiquement l'édition de 1672; mais c'est vraiment une réimpression. (Willems. n° 1472.)

7. — L'Alcoran... près la cour... MDCLXXXV.

Ellis. — Notre bibliothèque. — Reproduction identique du numéro précédent. C'est une réimpression: la preuve, c'est que les notes marginales de notre numéro sont en italiques, à la différence de l'édition du n° 6.

Anvers. — *8. — L'Alcoran de Mahomet... Anvers. 1716. Pet. in-8.

7. — L'Alcoran de Mahomet translaté d'arabe en françois Par le Sieur DU RYER, Sieur de la Garde Malezair. (Fleuron : St Esprit.) Suivant la Copie, Imprimée à Paris, Et on les Vend A Anvers, Chez Jean François Lucas, au S. Esprit près de la Bourse, du côté de la Place de Mair. MDCCXIX. Avec Approb. et Priv. de Sa Maj. Imp. et Catholiq. Pet. in-8. (8) et 488.

(1) Titre. (3)-(4) Au lecteur. (5)-(8) Sommaire. 1-485. La traduction. 486 Certificat. (487) Lettre des consuls. (488) Sauf-conduit.

Notre bibliothèque. C'est l'édition anversoise qu'on trouve le plus souvent dans le commerce.

7. L'Alcoran de Mahomet... Anvers. 1723. Pet. in-8.

Bibl. de l'univ. de Liège.

9. — Mahomet's Alkoran. Uit h. Arab. d. DU RIJER... door J. H. GLAZEMAKER...vertaalt, benev. Mahomet's leven enz. Amsterdam. 1658. In-12.

Traduction hollandaise.

7. — Coran door DU RYER uit d'Arabische in de Fransche taal en door J. H. GLASEMAKER in de Nederl. taal vertaalt. Amsterdam. 1696. In-8. Planches de Luyken.

7. — Mahomets Alkoran, door DU RYER in fransch gestelt ; benevens 2 beschryvingen van Mahomets leven ; en verhaal van des zelfs reis ten hemel ; ook zyn samenspraak met de jood Abdias. Alles door J. H. Glasemaker vertaalt. Amsterdam 1698. M. koppere plaaten. J. Lamsvelt f.

chnurrer, 428, dit Rotterdam ; de même le catalogue Schultens, aux in-8e.

7. — Alcoran... Leide 1707.

Il y a tout lieu de croire que ces quatre éditions, sauf peut-être le nom de la ville et quelques détails du titre, sont tout-à-fait conformes aux deux suivantes, que nous décrivons de visu.

9. — Mahomets Alkoran, Door de Heer DU RYER uit de Arabische in de Fransche Taal gestelt; Benevens een tweevoudige Beschryving van Mahomets Leven; En een verhaal van des zelfs Reis ten Hemel; Gelijk ook sijn Samenspraak met de Jood Abdias. Alles op nieuws door een Lief-hebber overzien, en van alle druk-fouten gezuivert. Met Kopere Plaaten verciert. (Fleuron.) Te Leyden, By Jan vander Deyster, Boekverkooper in de Kooren-brug-steeg by de Breede straat. 1721. In-8. (X) 547 et (1).

(1) Titre. (3)-(5) Voor-reeden. (6)-(10) Kort begrip van de godsdienst der Turken. 1-460. Mahomets Alkoran. 461. Tweevoudige Beschrijvinge... 463-464. Aan den Leser 465-484. Mahomets Leven getrokken uit de Sarasynsche Historie van Georgius Elmacinus, in d'Arabische Taal geschreven, en door Thomas Erpenius in Latijn gestelt, en daar uit door J. H. G. Vertaalt. 483-485. Comparaison avec le Beresith Rabba. 485-506. Uit verscheide Schryvers der Christenen : Rodericus Ximenez, Scipion Dupleix, Cuspinianus, Bl. de Vigenere, de S. Lazare, Cedrenus, Theophanes. 506-518. Vertoning. Door Mahomet en zyn navolgers verdigt, van een reis, die hy, op het beest Alborach zittende, naar Jerusalem deé, en van daar ten Hemel opklom. 518-547. Samenspraak. Van een Jood met Mahomet, die aan hem rekening van sijn lering geeft. (548) Annonces de librairie.

Sept gravures : frontispice, 1, 94, 266, 355, 491 et 496.
Notre bibliothèque.

22. — Mahomets Alkoran... in de Franse... Adbias. Alles van nieuws door J. H. GLASEMAKER, vertaalt, en te zamen gebracht. Zynde den zevende en laatste druk, met Kopere Platen verciert. (Autre fleuron.) Te Leyden, By Jan en Henderik vander Deyster, Boekverkopers in de Korenbrugsteeg. 1734. In-8. (VIII), 547 et (5). 7 gravures.

(3)-(4) Voor-reeden. (5)-(8) Kort begrip... (1)-(5) Annonces de librairie.
Bibliothèque de l'Université de Liège. On voit par le titre (zevende) qu'il manque une édition à notre énumération.

Traduction anglaise.

33. — The Alcoran of Mahomet, translated out Arabique into French, by the sieur DU RYER, Lord of Malezair, and Resident for the King of France at Alexandria. And newly Englished, for the satisfaction of

all that desire to look into the Turkish vanities. (The life and death of Mahomet. A needful Caveat, or admonition for them who desire to know what use may be made of, or if there be danger in, reading the Alcoran, by A. ROSS.) London. 1649. In-4. 407.

Ellis, 687. — Transcription en arabe : Man. Oxford, Nicoll. 405-406. Appréciation par Sale, n° 165.

' 77. — The Alcoran... London. 1649. In-8. 420.

C'est une contrefaçon. (Ellis, 887-888.)

' 66. — The Alcoran... translated out Arabick into French and newly englished... To which is prefixed the Life of Mahomet... With a needful caveat... London. 1688. In-8. XVIII et 511.

Ellis.

' 88. — A compleat history of the Turks, from their origin in the year 755, to the year 1718. etc. (Vol. **4** : The life of Mahomet : together with the Alcoran at large; translated out of Arabick into French by the sieur DU RYER... now faithfully Englished. London. In-8. 1719.)

Ellis, **2**, 698.

' 55. — Vollständiges Türkisches Gesetzbuch... Aus der Arabischen in die Französische Sprach übergesetzt durch Herrn DU RYER, aus dieser aber in die Niederländische durch H. J. GLASEMAKER : Und jetzo zum allererstenmahl in die Hochdeutsche Sprache versetzet durch Johann LANGE, Medicinæ Candidatum. *Traduction allemande.*

Dans Happelius, Thesaurus Exoticorum. Hambourg. 1688. Fol. Schnurrer, 128.

LA TRADITION. [1]

INTRODUCTION

1. — J. BARTH. Midraschische Elemente in der muslimischen Tradition.

Dans Festschrift zum 70. Geburtstage A. Berliner's. 1903, 33-40.

C. R. J. Halévy, Rev. sém., **12**, 89-90.

2. — Alfred BEL. Les traditions islamiques et la traduction du Cah'ih' d'El-Bokhâri, par M.M. O. Houdas et W. Marçais.

Dans Bulletin de la Soc. de géographie de la province d'Oran, **23** (oct.-déc. 1903) et à part, 11 p.

3. — BROCKELMANN. Geschichte der Arabischen Litteratur, **1**, 156 et suiv. et 353 et suiv.; **2**, 63 et suiv.; 162; 175; 195; 245; 310; 384 et suiv.; 403; 411; 416; 430; 459 et 485.

Dans Gesch. der arab. Litteratur, Leipzig, Amelang, 1901, 130-132.

[1] PFEIFFER, Theologiæ... judaicæ atque mohammedicæ... principia sublesta. Lips. 1687, avait déjà donné un *Conspectus sunc*, 447-453, d'après Hottinger (° Promptuarium, 163 et suiv.).
Voir aussi Herbelot. 386 (Hadith) et 807 (Sonnah.)

4. — DOZY.

Voir nº 10, plus haut.

5. — DE GOEJE.

Voir nº 17, plus haut.

6. — Beschreibung einer alten Handschrift von Abû 'Obaid's Garîb-al-hadît. Von Dr M. J. DE GOEJE.

Dans Zeit. d. deut. morg. Ges., **18**, 781-807. Cfr. FLEISCHER, **19**, 300-310.

7. — Ueber die Entwickelung des Hadith.

Dans J. GOLDZIHER, Muhammedanische Studien, **2**, 1890, 1 et suiv.

I. Hadîth und Sunna. 1-27. II. Umejjaden und 'Abbâsiden. 28-87. III. Das Hadith in seiner Beziehung zu den Parteikampfen im Islam. 88-130. IV. Reaction gegen die Erdichtung der Hadithe. 131-152. V. Das Hadith als Mittel der Erbauung und Unterhaltung. 153-174. VI. Talab al-hadith. 175-193. VII. Die schriftliche Aufzeichnung des Hadith. 194-202. VIII. Die Hadith-Literatur. 203-274.

C. R. Th. Nöldeke, Wiener Zeit. f. d. K. d. Morgenl., **5**, 43-49.

*8. — J. GOLDZIHER. Neutestamentliche Elemente in der Traditionslitteratur des Islam.

Dans Or. Christianus, **2**, 390-397.

9. — FLÜGEL. H. HALFA, **3**, 23-39.

10. — Über die Überlieferung des Wortes Mohammed's als Fortsetzung des Auszuges aus dem Commentar des Mesnewi. Von J. von HAMMER.

Dans Sitzungsberichte de Vienne, **9**, 577-616 et 643-659 et à part. 58 p.

11. -- A. G. HOFFMANN. Hadith.

Dans Ersch et Gruber, 94-102.

12. -- O. HOUDAS. L'islamisme. Paris, 1904.

Les hadits, 100-116.

*13. -- Fried. RISCH. Commentar des Izz-ed-Din Abu Abd-ullah über die Kunstausdrücke der Traditionswissenschaft nebst Erläuterungen. Leiden, Brill, 1885. In-8. VIII, 15 et 40. (Diss. de Leipzig.)

*14. -- Tuhfa Dawi-l-Arab. Ueber Namen und Nisben bei Bohari, Muslim, Malik von Ibn Hatib al-Dahsa. Herausgegeben von T. MANN. Leiden, 1905. 7 m. 50.

C. R. Luzac's Oriental List, **17**, 122.

15. -- W. MUIR. The Life of Mahomet. London, 1861. In-8. 4 vol.

I.

Tradition, the chief material of early Moslem history, described. XXVIII. The habits of the early Moslems favoured growth of tradition, which in the lapse of time invested Mahomet with supernatural attributes. XXVIII. Superstitious reverence with which the traditions of the *Companions* were regarded by the succeeding generation. XXIX. The *Successors* belong to the latter half of the first century. XXX. The wants of the expanding empire required an enlargment of the administrative code of the Coran. XXX. Yet the Coran was at first the sole authoritative rule of conduct. XXXI. The deficiency supplied by the SUNNAT, or sayings and practice of Mahomet. XXXI. Incentive created thereby to the fabrication and propagation of Tradition : the *Collectors.* XXXII. General *Collections* of biographical tradition. XXXII. Tradition not recorded till the latter part of the 1st century. XXXII. Even if recorded memoranda were kept in Mahomet's lifetime, none of them can be connected with any traditions now extant. XXXV. Mahometan tradition, being at first purely oral is not only uncertain, but affected by bias and prejudice. XXXVI. In order to estimate these influences, historical review necessary. XXXVI.

During the two first Caliphates, faction unknown. XXXVI. A. H. 23-35. Effect on tradition of the divisions following the murder of Othmán; — not unfavourable. XXXVI. A. H. 35-40. The Caliphates of the Ommeyad Dynasty favourable to the truthfulness of tradition. XXXVII. The type cast in this period never after materially altered. XXXVIII. Alyite and Abasside parties conspire to supplant the Ommeyad line, and for that object fabricate and pervert tradition. XXXVIII. Accession of the Abasides, 136, A. H.: under whom the biography by *Ibn Isháe* (the earliest of which any thing is extant,) was compiled. XXXIX. A. H. 192-218. The intolerant Caliphate of Al Mámún was the era when the great traditional and biographical authorities now extant flourished. Baneful influences then at work. XL. The general collections of tradition made under similar influences. XLI. Two Schools; the *Sunni*, and the *Shía*. XLI. Service rendered by the Collectors. XLII. Immense proportion of fictitious matter in the current tradition, rejected even by the Mahometan Collectors; illustrated by an anecdote from Bokhári. XLII. The Collectors, though unsparing in the rejection of un-trustworthy traditions, did not discriminate those that were trustworthy by any intelligent canon; for the political element of Islam had extinguished free enquiry and real criticism. XLIV. But they were honest in accomplishing what they professed. XLV. Guarantees and evidence of their honesty. XLVI. How far do the Collections of tradition contain elements of truth? XLVII. The fragmentary and isolated character of each tradition prevents application of the ordinary checks on a continuous narrative. XLVII. Each tradition was regarded as a unit, to be, without investigation of its parts, accepted or rejected as a whole. XLVIII. Coincidence of separate traditions a possible, but practically unknown, proof of faithful transmission. XLVIII. The exclusively oral character of early tradition deprives it of every check against the license of error and fabrication. XLIX. Tradition tested by its correspondence with the Coran. L. The main historical and biographical outlines agree. L. Disagreement in certain important points, as the power to work miracles. L. Perplexing alternative. LI. Opinion of Dᵣ Sprenger, too favorable to tradition. LII. An attempt to lay down tests for discriminating what is reliable in tradition. LII. Traditional evidence *ex parte*. Our tests must depend on internal examination. LII. Two divisions: *Period* and *Subject* of event narrated. LIII. I. PERIOD. *First*. Up to entrance of Mahomet on public life. All our witnesses younger, and most of them much younger than Mahomet: their personal knowledge cannot therefore go farther back than his youth at the earliest. LIII. Attention not excited till Mahomet had publicly assumed the prophetic office. LIV. For events prior to Mahomet's public life, circumstantiality a ground of suspicion. LIV. Exception in favour of the leading outlines of Mahomet's life; public events; and national history.

LV. *Second period.* From entrance on public life to taking of Mecca i. e. B. H.
10 to A. H. 8. LVI. No surviving evidence on the side of the Meccans; or
against Mahomet and his party. LVI. To what degree the Meccan party, as
finally incorporated with the Moslems. proved a check upon misrepresentation.
LVII. Evidence against the opponents of Mahomet to be received with
suspicion. LVIII. So also with evidence regarding the Jewish, Christian, and
Pagan, tribes of Arabia. LVIII. Similar considerations apply to the *Hypocrites*,
or disaffected inhabitants of Medina. LVIII. **II. SUBJECT MATTER** as
affected by *personal, party,* or *national,* bias. LIX. 1. *Personal* ambition of being
associated with Mahomet. LIX. Exaggeration of personal merit in the cause
of Islam. LX. Small chance of such exaggerations and fictions being checked.
LXI. 2. *Party.* Likelihood of party traditions coming into general currency.
LXI. Prejudicial influence of the lesser associations of Tribe, Family, Patron,
etc. LXII. 3. *National* bias; common to the whole of Islam, and therefore the
most fatal. LXIII. Tendency to exalt Mahomet, and ascribe to him supernatural
attributes. LXIII. Difficulty of discriminating what originated with Mahomet
himself, in supernatural tales. LXV. Miracles. LXV. That it contains the
recital of a miracle does not necessarily discredit an entire tradition or story.
LXVI. Tales and legends how far ascribable to Mahomet. LXVI. Supposed
anticipations of Mahomet by Jewish and Christian priests. LXVII. Anticipations of Islam. LXVIII. History of the Prophet's ancestors, and of early
Arabia, borrowed from, or conformed to, Jewish scripture and tradition.
LXIX. Traditions of the Jewish and Christian scriptures being mutilated and
interpolated. LXX. Why such extravagant and unfounded traditions were not
contradicted. LXXI. Traditions unfavourable to Mahomet became obsolete.
LXXII. Pious frauds allowable in Islam. LXXIII. Difficulty of distinguishing
conscientious witnesses from amongst the originators of tradition. LXXIV.
Examples of capricious fabrication. LXXVI. Unsupported tradition is
insufficient evidence. LXXVII. **III.** What considerations confirm individual
traditions ? LXXVIII. Agreement between independent traditions. LXXVIII.
Agreement between portions only of independant traditions. LXXVIII. Verbal
coincidence may point to a common written original. LXXIX. Correspondence
with the Coran a valuable confirmation. LXXIX. Disparagement of Mahomet
a ground of credibility. LXXXI. Treatises contemporaneously recorded.
LXXXI. Their authority far superior to that of ordinary tradition; especially
in regard to Jewish and Christian tribes. LXXXI. Written details of embassies
preserved in the several tribes which sent them. LXXXIII. Poetical remains
carry a special authority. 1. Such as are ascribed to a period before the rise
of Mahomet not of very great practical value. LXXXII. These remarks not
applicable to the national poetry of Arabia. LXXXV. Two Poets who survived

Mahomet. LXXXVI. Their poetry simply confirmatory of tradition. LXXXVII.
Conclusion. LXXXVII.

16. — Le taqrîb de EN-NAWAWI, traduit et annoté par
M. MARÇAIS, directeur de la medersa de Tlemcen.

Dans J. asiat., 1900, **2**, 315-346; 1901, **1**, 101-149, 193-232, 524-540
et 1901, **2**, 61-146.

17. — RECKENDORF.
Voir p. 100, ci-dessus.

18. — E. RÖDIGER. Mittheilungen zur Handschriftskunde. 6.
Dahabî's ميزان الاعتدال . 7. Husain Gassânî's ... كتاب

Dans Zeit. d. deut. morg. Ges., **17**, 601-602 et 602-604.

‘19. — Contributions from original sources to our knowledge of
the science of muslim Tradition. By Edward E. SALISBURY. Pre-
sented to the society oct. 27, 1859.

Dans J. of the amer. or. Society, **7**, 60-142.

20. — Ueber das Traditionswesen bei den Arabern. Von A.
SPRENGER.

Dans Zeit. d. deut. morg. Ges., **10**, 1-17.

21. — Die Sunna.

Dans SPRENGER, das Leben und die Lehre des Mohammad. **3**,
LXXVII-CIV.

Ch. W. MUIR. Mohammedan controversy. Biographies of Mohammed.
Sprenger on tradition. The Indian liturgy and the Psalter. London... Clark.
1897. In-8, 230, 7 sh. 9 d.

TEXTES ET TRADUCTIONS.

22. — Les manuscrits arabes de la zaouyah d'el Hamel par René BASSET.

Dans J. de la Soc. asiat. Italienne, **10** et à part, 57 p.

Donne, p. 34-51 une bibliographie complète du livre de Bouhâri et des commentaires dont il a été l'objet.

23. — RINCK. De Abu Abdollah Muhammede, filio Ismaelis, vulgo dicto BOCHARICO... (¹)

Dans Fundgruben, **2**, 201-205.

C. R. Hall. Alg. Litz., 1814, **2**, 76.

24. — Ueber den Sahih des BUCHÂRI, Von Dʳ Ludolf KREHL.

Dans Zeit. d. deut. morg. Ges., **4**, 1-32 et 532.

(¹) Sur Bouhâri, voir encore : Brockelmann, **1**, 157-160. — H. Hal., **2**, 512-541. — De Slane, Ibn Khall., **2**, 594-597. (ᵉ Texte arabe, **1**, 576-577 et Wright, An ar. reading-book, 89-92.) — ᵉLe Catalogue de la bibliothèque du Khédive, **1**, 296-315. — ᵉCodera et Ribera. Ibn Khair, **1**, 95. — Dozy, Islamisme, 234-236.

Les manuscrits sont très nombreux : p. ex. Paris, 152-155. — Berlin, **8**, 45-78. — Gotha, **1**, 457-460. — Vienne, Flügel, **3**, 83-85. — Munich, Aumer, 107-117. — Brit. Museum, 111, 539, 677-678, 704-705, 722 ; Suppl. Rieu, 77-78. — Oxford, Nicoll, 70-71 et 509. — El Hamel, nᵒ 22. — Besançon, Dép., **32**, 190-191. — Hambourg, Zeit. d. deut. morg. Ges., **4**, 6. — Lindesiana, 89. — de Sacy, 4-5, nᵒ 28, etc. etc.

Pour les éditions, outre Basset et Brockelmann, voir J. asiat., 1864, **2**, 50-51. — Or. Bibliog., **1**, 193, nᵒ 3292 : 264, nᵒ 4487 : **2**, 370, nᵒ 6020 : **5**, 246, nᵒ 5129. (Le Caire.) **3**, 176, nᵒ 3632 : **4**, 61, nᵒ 1382 : **5**, 52, nᵒ 1186 et 175, nᵒ 3781 : **6**, 49, nᵒ 1047. (Delhi.)

Pour les commentaires, voir Or. Bibliog., **6**, 255, nᵒ 4821 : 259, nᵒ 4903 :

25. — Mohammed ben CHENEB. De la transmission du recueil des traditions de Bokhary aux habitants d'Alger.

Dans Rec. de mémoires et de textes publié en l'honneur du XIV° congrès des Orientalistes, 1905, 99-115.

26. — Le recueil des traditions mahométanes par Abou Abdallah Mohammed ibn Ismaïl EL-BOKHÂRI. Publié par M. Ludolf KREHL. Vol. I. Leyde, E. J. Brill imprimeur de l'Université, 1862. In-4, (VI) et 500 de texte arabe. Vol. II, 1864, (IV) et 448. Vol. III, 1868, (IV) et 514. *Vol. IV, 1° partie, continué par Th. W. JUYNBOLL, 1907 252.

L'ouvrage sera complet en cinq volumes.
C. R. Nöldeke, Gött. gel. Anz., 1862, 1031-1036; 1865, 1047-1051; 1890, 617-619. J. asiat., 1863, **2**, 33-34; 1865, **2**, 36.

27. — Chrestomathie de von ROSEN.

Des extraits, 1-6.

28. — AL-BUHARI. Selections from the Sahih, edited with notes by Prof. Charles C. TORREY. Leiden. Brill, 1906. In-8, XI et 108. (Semitic Study-Series edited by Gottheil and Jastrow, n° 6.)

16, 252, n° 5168. Un commentaire imprimé à Fez, Harrassowitz, n° 6186. Pour Qastalâni, voir Basset (n° 22), 51. Or. Bibliog., **3**, 49, n° 1042 et **4**, 96, n° 1474. A aussi été édité à Kânfûr en 1284 (1867-1868.) A Lucknow, en dix volumes, 1899 (1289) et 1876.

Au Maroc, on professe pour Bouhâri un respect superstitieux (garde noire du sultan, serment prêté sur son livre, etc.) Voir Bel (n° 2), 7-9. — Drummond, Le Maroc, **1**, 61 (édition belge). — Cotte, Le Maroc, 206. — Revue des Deux Mondes, 1886, **76**, 579; 1888, **86**, 807 et 823. — J. asiat., 1902, **2**, 219.

Fête célébrée quand on en a achevé la lecture, Bel, 8. — Ch. Vollers, Man. Leipzig, 302, n° 875, 5.

Dollfus s'est occupé de Bouhâri (Zeit. d. deut. morg. Ges., **4**, 2) et Wenrich en avait préparé l'édition. (J. asiat., 1840, **2**, 126.)

29. — EL-BOKHÂRI. Les traditions islamiques traduites de l'arabe avec notes et index par O. HOUDAS et W. MARÇAIS. Tome 1. Paris, Leroux, 1903, Gr. in-8, 686, 164. (Publ. de l'École d. langues orientales vivantes, série 4, tome 3.) — Tome 2, 1906.

C. R. E. Montet, Rev. de l'hist. des rel., **48**, 416-423 et Asiat. qu. rev., juillet 1903, 6-7 du tirage à part.— N° 2, (Bel).— Horovitz, Mitt. Sem. f. or. Spr., **7**, 2, 282-283.— Seybold, Or. Litz., **7**, 184-188.

— von HAMMER. Auszüge aus der Sura (sic) oder der mündlichen Ueberlieferung Mohammeds.

Dans Fundgruben, **1**, 144-188 et 277-316; cfr. Druckfehler. Et à part.

C. R. De Sacy, Mag. encyclop., 1811, **1**, 208-210 et 1812, **1**, 201-202. Hall. Alg. Litz., 1811, **2**, 187-188.— Gött. gel. Anz., 1811, 1348-1349.— Bertuch's Allg. geog. Ephem., **35**, 443-445.

31. — von HAMMER. Wiener Jahrbücher.

Table de Bouhâri : **75**, Anzeige-Blatt, 2-24; **76**, A. B., 1-15; **77**, A. B., 44-50; **78**, A. B., 1-16; **79**, A. B., 1-16.

Voir aussi le compte-rendu du n° 34, ci-après. **40**, 48-67 : 300 traditions sur le droit de la guerre. — **75**, 68-96, 500 traditions pour compléter le n° 30.

32. — v. HAMMER. Le juste milieu du Moslim.

Dans J. asiat., 1837, **1**, 311-313.

Traduit de Bouhâri.

33. — La collection de TIRMIDI a été utilisée par GOERGENS, Mohammed. Ein Charakterbild. Berlin, 1878. (¹)

Tirmidi.

(¹) Voir Noldeke (n° 43), XIX-XX.— Brockelmann, **1**, 161-162.— De Slane, Ibn Khall., **2**, 679-680.— Bull. de corresp. afr., **3**, 472-473.— Or. Bibliog., **6**, 258, n° 4889 et **12**, 281, n° 5199.

Mishât.

34. – Misheat-ul-Masabih or a collection of the most authentic traditions, regarding the actions and sayings of Muhammed; exhibiting the origin of the manners and customs; the civil, religious and military policy of the Muselmans. Translated from the original arabic, by Capt. A. N. MATHEWS, Bengal artillery. Calcutta printed by T. Hubbard, at the hindoostance press. 1809. In-4. 2 vol. 665 et 817.

C. R. v. Hammer, Wiener Jahrbb., **34**, 155-167. (¹)

Moafat.

35. – AL-MU'ÁFAE (²) B. Ismá'il Mausiliensis Kitáb Anís al-munkati'in. Particula I. Dissertatio inauguralis quam consensu et auctoritate amplissimi philosophorum ordinis in alma litterarum universitate viadrina vratislaviensi ad summos in philosophia honores rite impetrandos die IX mensis septembris MDCCCLXXV Hora XI publice defendet auctor Joseph COHN Borussus occidentalis. Adversarii erunt : M. Appel, Dr phil. A. Baerwald, cand. phil. J. Prager, Dr phil. Vratislaviae. Typis Grassii, Barthii et soc.i (W. Friedrich.) In-8. 44. (2) et 30 de texte arabe.

(¹) Von H. Hal., **5**, 564-572. – Nöldeke (nᵒ 43). XX. – Cat. Brit. Mus. Rieu, 823-823. – Zenker, **2**, 90. – J. asiat., 1855, **2**, 31. – Zeit. d. deut. morg. Ges., **8**, 688. – Or. Bibliog., **11**, 137, nᵒ 2901.

(²) De Slane, Ibn Khall., **3**, 374-377.

Additions.

Page 8. Il eût fallu citer les notes de Leblois, 275-295.

Page 23. Ajouter le passage suivant de Sale (n° 166), 54 :

> « By what has been said the reader may easily believe this book, is in the greatest reverence and esteem among the Mohammedans. They dare not so much as touch it without being first washed or legally purified ; which, lest they should do by inadvertence, they write these words on the cover or label, « Let none touch it but they who are clean. » They read it with great care and respect, never holding it below their girdles. They swear by it, consult it in their weighty occasions, carry it with them to war, write sentences of it on their banners, adorn it with gold and precious stones, and knowingly suffer it not to be in the possession of any of a different persuasion. »

— Page 45, ʿAli et page 54, ʿOutmâne, voir Quatremère, J. asiat., 1838, 2. 41-48 (ou dans Mélanges d'histoire et de philologie orientale, 7-13).— Muir (n° 38), xv et xviii.

— Page 83, ajouter :

203bis. — Mahomet Le Koran... Paris (imp. Ferdinand Imbert) Bibliothèque-Charpentier G. Charpentier et E. Fasquelle, éditeurs 11, rue de Grenelle, 11 (Sur la couverture : 1891.) (IV), XXXIV et 533.

Comptes-rendus.

J. FORGET, Revue bibliog. belge, **18**, 45-47.

O. COLSON, Wallonia, **14**, 305.

A. DE COCK, Volkskunde (Gand), **18**, 83-84.

Bulletin de l'Institut international de bibliographie, **10**, 240.

R. BASSET, Revue des traditions populaires, **21**, 362-367.

L. BOUVAT, Journal asiatique, 1906, **1**, 158.

H. STEIN, Le bibliographe moderne, **9**, 414.

P. DE SAINT-JEAN, Revue du Traditionnisme français et
étranger, février 1906, 56.

CARRA DE VAUX, Revue des Deux Mondes, 1906, **31**, 148.

K. VOLLERS, Zentralblatt für Bibliothekswesen, **23**, 266.

H. STUMME, Liter. Centralblatt, 1906, 538.

K. VOLLMÖLLER, Krit. Jahresbericht über d. Fortschritte der
Roman. Philol., **7**.

E. NESTLE, Schwäbischer Merkur, Kronik, 5. Februar 1906,
n° 58.

J. BOLTE, Zeitschrift d. Vereins für Volkskunde, 1906, 447.

Luzac's Oriental List, **17**, 123.

L'article que nous avons publié sur les Mille et une Nuits de
M. Mardrus et qui se retrouve en partie aux p. 84-85 du tome IX
a fait l'objet de deux comptes-rendus : A. VAN GENNEP, Mercure
de France, **59**, 581-582 et FABRICE (Christian Beck), Antée,
1, 523-524.

L'Académie des Inscriptions et Belles Lettres a bien voulu nous
accorder, en partage, le Prix Saintour ; c'est là un nouvel encourage-
ment, dont nous la remercions bien vivement.

TABLE DES MATIÈRES.

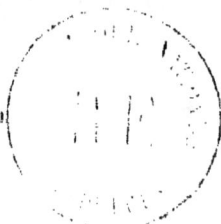

En commission chez Harrassowitz.

P. Burggraff, sa vie et ses travaux. Liége, 1884. In-8. 23 p.

Le scopélisme. In-8. 31 p.

Trois lettres inédites de Reiske à Mercier. Notes pour la biographie de Reiske. In-8. 15 p.

La défense des images chez les Musulmans. In-8. 30 p.

Belgium persicum. In-4. 7 p.

Gaspar Ammonius de Hasselt. In-8. 8 p.

Pacolet et les Mille et une nuits. In-8. 19 p

Le rêve du trésor sur le pont. In-8. 4 p.

Abou Nioute et Abou Nioutine. In-8. 4 p.

Homère et les Mille et une nuits. In-8. 4 p.

Tawaddoude ou la docte esclave. In-8. 3 p.

Mahmoud. In-8. 8 p

La récension égyptienne des Mille et une nuits. (Bibliothèque de la Faculté de philosophie et lettres de l'Université de Liége). In-8. 124 p. 3 f. 50.

Le régime légal des eaux chez les Arabes In-8. 17 p.

Sébastien-Auguste de Neusen. In-8. 4 p.

Les sources des Palmblätter de Herder et Liebeskind. In-8. 17 p.

La constitution du Code Théodosien sur les *Agri deserti* et le droit arabe. In-8. 13 p. (Mémoire couronné par la Société des sciences, des arts et des lettres du Hainaut.)

Documents pour la parabole des trois anneaux. In-8. 4 p.

Etude sur la vie et les travaux de Nicolas Clénard, par Victor Chauvin et Alphonse Roersch. In-8. 203 p. (Ouvrage couronné par l'Académie Royale de Belgique.)

Jean-Noël Paquot. In-8. 39 p.

Un manuscrit inconnu de Louqmâne (Journ. asiat., 1901, 1, 351).

Les trois anneaux. In-8. 2 p.

Les obstacles magiques. In-8. 2 p.

Les souliers usés. In-8. 3 p.

La légende égyptienne de Bonaparte In-8. 83 p. 2 f.

Félix Liebrecht. In-8. 16 p.

Le prétendu séjour de Mandeville en Egypte. In-8. 6 p.

Le jet des pierres au pèlerinage de la Mecque. In-8. 20 p. 1 f.

Une lettre inédite de Clénard par Victor Chauvin et Alphonse Roersch. In-8. 16 p.

Avicenne. In-8. 14 p.

Exode XX, 12. In-8. 6 p.

Plumyoen. (Biog. Nationale, 834-838.)

Les rapports du roi de Sérendip et de Hároûne alrachid d'après l'histoire de Sindbâd le marin. In-8. 5 p

Genèse, XV, v. 12. In-8. 5 p.

Wunderbare Versetzungen unbeweglicher Dinge. In-8. 5 p.

De Pruyssenaere. (Biog. Nationale, 308-315)

Note sur le conte de Salomon et le Griffon. In-8. 6 p.

Les Mille et une nuits de M. Mardrus. (Revue des Bibliothèques et Archives de Belgique, 3, 290-295 et à part.)

Die rechtliche Stellung der wiedererwachten Toten. In-8. 4 p.

Notes pour l'histoire de l'imprimerie à Constantinople. (Zentralblatt. f. Bibliothekswesen, 24, 255-262.)

Bibliographie des ouvrages arabes.

I. CXVII et 72. 1892. Préface. — Table de Schnurrer.   Les Proverbes. 6.00.

II. IX et 239. 1897. Kalilah. 7.50.

III. IV et 151. 1898. Louqmâne et les fabulistes. — Barlaam. — 'Antar et les romans de chevalerie. 4.50.

IV. IV et 228. 1900. Les Mille et une nuits. (Première partie.) 7.00.

V. XII et 296. 1901.   »   »   (Deuxième partie.) 9.00.

VI. IV et 294. 1902.   »   »   (Troisième partie.) 6.00.

VII. IV et 192. 1903.   »   »   (Quatrième partie.) 6.00.

VIII. IV et 210. 1904. Syntipas. 6.50.

IX. IV et 136. 1905. Pierre Alphonse. — Secundus. — Recueils orientaux. — Tables de Henning et de Mardrus. — Contes occidentaux. — Les maqâmes. 4.00.

X. IV et 146. 1907. Le Coran et la Tradition. 4.50.

Les volumes suivants comprendront Mahomet et le mahométisme. Les sectes. Les confréries. Les légendes. Les superstitions. Puis viendront les Manuscrits. — Les Monnaies, et .

www.ingramcontent.com/pod-product-compliance
Lightning Source LLC
Chambersburg PA
CBHW070758290326
41931CB00011BA/2062